PSICOLOGIA DA SAÚDE
NO CONTEXTO HOSPITALAR
Atendimento ao paciente internado

Editora Appris Ltda.
1.ª Edição - Copyright© 2024 da autora
Direitos de Edição Reservados à Editora Appris Ltda.

Nenhuma parte desta obra poderá ser utilizada indevidamente, sem estar de acordo com a Lei nº 9.610/98. Se incorreções forem encontradas, serão de exclusiva responsabilidade de seus organizadores. Foi realizado o Depósito Legal na Fundação Biblioteca Nacional, de acordo com as Leis nos 10.994, de 14/12/2004, e 12.192, de 14/01/2010.

Catalogação na Fonte
Elaborado por: Dayanne Leal Souza
Bibliotecária CRB 9/2162

F676p 2024	Fonseca, Regina Célia Veiga da Psicologia da saúde no contexto hospitalar: atendimento ao paciente internado / Regina Célia Veiga da Fonseca. – 1. ed. – Curitiba: Appris, 2024. 183 p. ; 23 cm. – (Coleção Saúde Mental). Inclui referências. ISBN 978-65-250-7172-5 1. Psicologia da saúde. 2. Paciente hospitalizado. 3. Humanização. I. Fonseca, Regina Célia Veiga da. II. Título. III. Série. CDD – 150.198

Livro de acordo com a normalização técnica da ABNT

Appris editorial

Editora e Livraria Appris Ltda.
Av. Manoel Ribas, 2265 – Mercês
Curitiba/PR – CEP: 80810-002
Tel. (41) 3156 - 4731
www.editoraappris.com.br

Printed in Brazil
Impresso no Brasil

Regina Célia Veiga da Fonseca

PSICOLOGIA DA SAÚDE
NO CONTEXTO HOSPITALAR
Atendimento ao paciente internado

Appris
editora

Curitiba, PR
2024

FICHA TÉCNICA

EDITORIAL
Augusto Coelho
Sara C. de Andrade Coelho

COMITÊ EDITORIAL
Ana El Achkar (Universo/RJ)
Andréa Barbosa Gouveia (UFPR)
Antonio Evangelista de Souza Netto (PUC-SP)
Belinda Cunha (UFPB)
Délton Winter de Carvalho (FMP)
Edson da Silva (UFVJM)
Eliete Correia dos Santos (UEPB)
Erineu Foerste (Ufes)
Fabiano Santos (UERJ-IESP)
Francinete Fernandes de Sousa (UEPB)
Francisco Carlos Duarte (PUCPR)
Francisco de Assis (Fiam-Faam-SP-Brasil)
Gláucia Figueiredo (UNIPAMPA/ UDELAR)
Jacques de Lima Ferreira (UNOESC)
Jean Carlos Gonçalves (UFPR)
José Wálter Nunes (UnB)
Junia de Vilhena (PUC-RIO)

Lucas Mesquita (UNILA)
Márcia Gonçalves (Unitau)
Maria Aparecida Barbosa (USP)
Maria Margarida de Andrade (Umack)
Marilda A. Behrens (PUCPR)
Marília Andrade Torales Campos (UFPR)
Marli Caetano
Patrícia L. Torres (PUCPR)
Paula Costa Mosca Macedo (UNIFESP)
Ramon Blanco (UNILA)
Roberta Ecleide Kelly (NEPE)
Roque Ismael da Costa Güllich (UFFS)
Sergio Gomes (UFRJ)
Tiago Gagliano Pinto Alberto (PUCPR)
Toni Reis (UP)
Valdomiro de Oliveira (UFPR)

SUPERVISORA EDITORIAL
Renata C. Lopes

PRODUÇÃO EDITORIAL
Sabrina Costa

REVISÃO
Ana Carolina de Carvalho Lacerda

DIAGRAMAÇÃO
Andrezza Libel

ILUSTRAÇÕES
Lívia Mendes Gomes

PINTURA DA CAPA
"Esperança de Cura", releitura de Jorge Hardaick, por Maria de Lourdes Tomio Stein (2004).

REVISÃO DE PROVA
Sabrina Costa

COMITÊ CIENTÍFICO DA COLEÇÃO SAÚDE MENTAL

DIREÇÃO CIENTÍFICA
Roberta Ecleide Kelly (NEPE)

CONSULTORES
Alessandra Moreno Maestrelli (Território Lacaniano Riopretense)

Ana Luiza Gonçalves dos Santos (UNIRIO)

Antônio Cesar Frasseto (UNESP, São José do Rio Preto)

Felipe Lessa (LASAMEC - FSP/USP)

Gustavo Henrique Dionísio (UNESP, Assis - SP)

Heloísa Marcon (APPOA, RS)

Leandro de Lajonquière (USP, SP/ Université Paris Ouest, FR)

Marcelo Amorim Checchia (IIEPAE)

Maria Luiza Andreozzi (PUC-SP)

Michele Kamers (Hospital Santa Catarina, Blumenau)

Norida Teotônio de Castro (Unifenas, Minas Gerais)

Márcio Fernandes (Unicentro-PR-Brasil)

Maria Aparecida Baccega (ESPM-SP-Brasil)

Fauston Negreiros (UFPI)

Como é por dentro outra pessoa,
Quem é que o saberá sonhar?

A alma de outrem é outro universo
Com que não há comunicação possível,
Com que não há verdadeiro entendimento.

Nada sabemos da alma
Senão da nossa;
A dos outros são olhares,
São gestos, são palavras,
Com a suposição de qualquer semelhança
No fundo.

Fernando Pessoa (1888-1935, Lisboa)

AGRADECIMENTOS

Agradeço à Universidade Estadual de Ponta Grossa (UEPG) (PR), aos professores do curso de Medicina e aos seus funcionários, pelo acolhimento e carinho no decorrer dos anos em que atuei como professora de Psicologia Médica nessa conceituada Instituição.

Aos alunos de Medicina da UEPG, que durante a minha atuação como professora na instituição, sempre foram assíduos e atenciosos às atividades propostas na disciplina, atitudes que sempre me estimulavam a pesquisar e desenvolver o material aqui exposto. Os atendimentos que fazíamos semanalmente com os pacientes internados, seguidos das nossas discussões sobre cada caso, continuamente enriqueciam o conhecimento de todos.

À Santa Casa de Misericórdia de Ponta Grossa (PR) e aos profissionais dessa renomada Instituição que, atenciosamente, possibilitavam a realização dos nossos atendimentos aos pacientes lá internados, junto dos acadêmicos de Medicina da UEPG, no decorrer das aulas práticas.

Por fim, agradeço a todos os alunos que tive ao longo dos anos, aos amigos e colegas de trabalho com os quais tive o prazer de trabalhar e evoluir durante da minha jornada como professora.

Graças a todas essas pessoas, em diferentes momentos da minha vida, pude construir uma preciosa base teórica em Psicologia da Saúde, da qual me orgulho e aqui compartilho com os leitores.

Obrigada a todos! Sou uma pessoa de muita sorte!

PREFÁCIO

O prefácio deste livro é uma homenagem à trajetória profissional e acadêmica de uma mulher que sempre cultivou compartilhar conhecimentos e cuidar das pessoas ao seu redor. Regina Célia, cuja paixão pela Psicologia e pela docência é evidente, apresenta-se aqui como alguém que transformou o amor pela educação e pela saúde em uma missão de vida. Sua vontade de ensinar floresceu e evoluiu para uma formação sólida e multifacetada, que a capacita a tratar com profundidade cada tema abordado neste livro.

O caminho trilhado por Regina Célia, passando pela Licenciatura em Letras, Psicologia, Nutrição e Especializações em terapia cognitivo-comportamental e Psicologia da Saúde e Hospitalar, reflete uma trajetória de empenho e dedicação incomuns. Não satisfeita com os desafios acadêmicos iniciais, ela prosseguiu com um mestrado em Educação e concluiu seu doutorado em Saúde. Sua formação abrangente é um testemunho de sua determinação e de seu compromisso com o conhecimento, sempre guiada por um forte desejo de contribuir na vida das pessoas, especialmente nos momentos em que elas mais precisam de apoio.

Com uma carreira dedicada ao cuidado e à educação, Regina Célia tem levado sua experiência para o ambiente hospitalar, onde não apenas acompanha pacientes, mas também forma profissionais de diversas áreas da saúde, inspirando-os a enxergar o ser humano como um todo, em suas dimensões biológica, psicológica e social. A visão humanista que permeia sua atuação é refletida neste livro, que serve de guia para aqueles que, como ela, buscam acolher, compreender e apoiar os pacientes em sua jornada de enfrentamento e recuperação.

Ao reunir tópicos essenciais de Psicologia da Saúde no contexto hospitalar, Regina Célia constrói uma obra prática e acessível, pensada para que médicos, enfermeiros, fisioterapeutas, farmacêuticos, nutricionistas e outros profissionais da saúde possam aperfeiçoar suas abordagens com base em conhecimentos sólidos e bem fundamentados. Sua linguagem objetiva e direta permite que o leitor compreenda conceitos complexos com facilidade, promovendo um aprendizado que pode ser imediatamente aplicado no dia a dia hospitalar.

A relevância deste livro se destaca não apenas pelo conteúdo técnico, mas também pelo comprometimento da profissional com a humanização no atendimento hospitalar. O leitor encontrará aqui temas cruciais, como a comunicação com o paciente, os processos de luto, a ansiedade, o estresse e até as complexas questões envolvendo a dor e o enfrentamento da morte. Ao abordar cada um desses tópicos, a autora demonstra sua sensibilidade e profundo conhecimento, construindo um material que é, ao mesmo tempo, prático e profundamente empático.

Com uma abordagem abrangente, o livro conduz o leitor pelos desafios enfrentados por diferentes faixas etárias no contexto hospitalar, da infância à velhice, e explora aspectos psicológicos importantes para que os profissionais da saúde compreendam as particularidades de cada fase da vida. Essa sensibilidade reflete a visão cuidadosa e amorosa de Regina Célia, que se dedica a preparar o leitor a acolher e ajudar o ser humano em suas necessidades e fragilidades, sejam elas físicas ou emocionais.

Este prefácio celebra, portanto, uma trajetória marcada pela persistência e pelo amor ao próximo, características que Regina Célia traz para cada página desta obra. Suas experiências acumuladas e suas habilidades como psicóloga e educadora transparecem em cada capítulo, fornecendo ao leitor um conteúdo rico e bem estruturado, que reforça a importância de se ver o paciente como um todo – corpo, mente e emoção.

Por fim, esta obra é um convite ao aprendizado e ao crescimento para todos aqueles que atuam na saúde e compartilham de uma visão de que o conhecimento, aliado ao afeto e à empatia, tem o poder de transformar vidas. Que cada leitor encontre aqui não apenas um guia de consulta, mas também uma fonte de inspiração para uma prática profissional mais humana, baseada na compreensão e no respeito ao ser humano hospitalizado.

Solange Regina Signori Iamin
Psicóloga clínica em terapia cognitivo-comportamental e terapia dos esquemas.
Professora em cursos de pós-graduação e escritora.

SUMÁRIO

CAPÍTULO 1
A PSICOLOGIA DA SAÚDE NO CONTEXTO HOSPITALAR..................15

CAPÍTULO 2
TÓPICOS INTRODUTÓRIOS EM PSICOLOGIA DA SAÚDE.................17
2.1 A PSICOLOGIA NOS CURSOS DA SAÚDE E SUA PRÁTICA COM O PACIENTE ..17
2.2 A RELAÇÃO DO PROFISSIONAL DA SAÚDE COM O PACIENTE 18
2.3 A HUMANIZAÇÃO.. 20
2.4 A TÉCNICA DO "ESTUDO DE CASO" 21

CAPÍTULO 3
A COMUNICAÇÃO EM SAÚDE... 25
3.1 COMO SE PROCESSA A COMUNICAÇÃO HUMANA.......................... 25
3.2 A COMUNICAÇÃO EM SAÚDE.. 30
3.3 COMO INFORMAR O PACIENTE?... 30
3.4 QUANDO A COMUNICAÇÃO DO DIAGNÓSTICO É CONTRAINDICADA? 31

CAPÍTULO 4
A ENTREVISTA CLÍNICA EM HOSPITAL GERAL 35
4.1 OS TRÊS ESTÁGIOS DE UMA ENTREVISTA EM PSICOLOGIA DA SAÚDE AO
PACIENTE INTERNADO 35
4.2 O ENTREVISTADOR.. 36
4.3 O PACIENTE 38

CAPÍTULO 5
CONCEITOS BÁSICOS EM PSICOLOGIA 41
5.1 CONSCIENTE, INCONSCIENTE, RESISTÊNCIA E REPRESSÃO................ 43
5.2 A ESTRUTURA DINÂMICA DA MENTE HUMANA............................ 46

CAPÍTULO 6
ESTUDO DA PERSONALIDADE 51
6.1 PSICANÁLISE: TRABALHOS INICIAIS 53
6.2 O ID, O EGO E O SUPEREGO.. 54
6.3 CULTURA E PERSONALIDADE... 57

6.4 ETNOCENTRISMO... O QUE É ISSO?.. 57

6.5 RELATIVIZAÇÃO 58

6.6 RELATO DE CASO: ETNOCENTRISMO 59

CAPÍTULO 7
MECANISMOS DE DEFESA DO EGO **61**

7.1 A SEXUALIDADE E LIBIDO 63

7.2 RELATO DE CASO: MECANISMO DE DEFESA DA NEGAÇÃO................. 64

CAPÍTULO 8
A CRIANÇA **67**

8.1 A CRIANÇA ATRAVÉS DOS SÉCULOS 70

8.2 A CRIANÇA, O ADOECIMENTO E A HOSPITALIZAÇÃO...................... 72

8.3 A CRIANÇA E SUAS CONCEPÇÕES SOBRE A MORTE 72

8.4 A FAMÍLIA DIANTE DA DOENÇA E A MORTE DA CRIANÇA................. 74

8.5 A EQUIPE DE SAÚDE E A MORTE DA CRIANÇA 74

CAPÍTULO 9
O ADOLESCENTE **77**

9.1 AS PERDAS INEVITÁVEIS E O LUTO DO ADOLESCENTE 78

9.2 O ADOLESCENTE E O ADOECIMENTO....................................... 81

9.3 RELATO DE CASO: "LUTO PELA SAÚDE PERDIDA" EM UM ADOLESCENTE ..81

CAPÍTULO 10
O ADULTO E A MEIA-IDADE **85**

10.1 O ADULTO.. 85

10.2 O ADULTO E O ADOECIMENTO 86

10.3 A MEIA-IDADE... 88

CAPÍTULO 11
O IDOSO **91**

11.1 A VELHICE INICIAL E A VELHICE AVANÇADA............................... 94

11.2 A HETEROGENEIDADE DA VELHICE 96

11.3 A VELHICE BEM-SUCEDIDA 97

11.4 O ADOECIMENTO E A HOSPITALIZAÇÃO................................... 97

CAPÍTULO 12

A ANSIEDADE 101

12.1 TRANSTORNOS DE ANSIEDADE 103

12.2 A ANSIEDADE E A TERAPIA COGNITIVO-COMPORTAMENTAL (TCC). 105

12.3 DISTORÇÕES COGNITIVAS 107

CAPÍTULO 13

O ESTRESSE 111

13.1 OS TRÊS ESTÁGIOS E OS TIPOS DE ESTRESSE. 112

13.2 O IMPACTO DO ESTRESSE SOBRE A SAÚDE 114

13.3 O ESTRESSE E O COMPROMETIMENTO DO SISTEMA IMUNE 115

13.4 AS CONSEQUÊNCIAS E RESPOSTAS AO ESTRESSE. .116

13.5 RELATO DE CASO: REAÇÃO EMOCIONAL AO ESTRESSE EM PACIENTE

HOSPITALIZADA 117

CAPÍTULO 14

A DOR 121

14.1 ENTENDENDO A DOR 121

14.2 CLASSIFICAÇÃO DA DOR. 122

14.3 AVALIAÇÃO DA DOR. 124

CAPÍTULO 15

EMOÇÕES E REGULAÇÃO EMOCIONAL. 127

15.1 REGULAÇÃO EMOCIONAL 128

15.2 TRANSTORNOS PSICOSSOMÁTICOS OU PSICOFISIOLÓGICOS. 131

15.3 FATORES PREDISPONENTES 132

CAPÍTULO 16

PSISOSSOMÁTICA: O HOMEM COMO SER BIOPSICOSSOCIAL 135

16.1 A PSICOSSOMÁTICA HOJE 136

16.2 A PSICOSSOMÁTICA E O ADOECIMENTO. 139

16.3 PSICOSSOMÁTICA, PSICONEUROIMUNOLOGIA E PSICO-ONCOLOGIA . . 140

CAPÍTULO 17

A DOENÇA E SEUS ASPECTOS PSICOLÓGICOS 143

17.1 ASPECTOS PSICOLÓGICOS EM PACIENTES COM HIV/AIDS. 144

17.2 ASPECTOS PSICOLÓGICOS EM PACIENTES COM CARDIOPATIAS 145

17.3 ASPECTOS PSICOLÓGICOS EM PACIENTES COM TRANSPLANTES 148

17.4 ASPECTOS PSICOLÓGICOS EM PACIENTES COM DOENÇA RENAL CRÔNICA ..149

17.5 ASPECTOS PSICOLÓGICOS EM PACIENTES COM CÂNCER 149

17. 6 ASPECTOS PSICOLÓGICOS EM PACIENTES COM AMPUTAÇÃO 151

17.7 SOBRE A ENTREVISTA CLÍNICA 153

17.8 RELATO DE CASO: A COMUNICAÇÃO DO DIAGNÓSICO DE CÂNCER AO PACIENTE 155

CAPÍTULO 18

SOBRE A MORTE E O MORRER 157

18.1 LIDAR COM A MORTE.. 158

18.2 O INÍCIO DAS INVESTIGAÇÕES SOBRE A MORTE E O MORRER............159

18.3 OS CINCO ESTÁGIOS DIANTE DA MORTE E DO MORRER 159

18.4 UM POUCO SOBRE CUIDADOS PALIATIVOS 165

ANEXO I

PROTOCOLO DE ENTREVISTA PSICOLÓGICA-CLÍNICA COM O PACIENTE INTERNADO... 169

ANEXO II

ASPECTOS PSICOLÓGICOS FREQUENTEMENTE OBSERVADOS EM PACIENTES INTERNADOS, DURANTE OS ATENDIMENTOS 173

REFERÊNCIAS...177

CAPÍTULO 1

A PSICOLOGIA DA SAÚDE NO CONTEXTO HOSPITALAR

Não é suficiente saber que doença tem a pessoa,
mas que pessoa tem a doença.
Hipócrates, pai da Medicina (460-377 a.C.)

A atuação da Psicologia em hospitais é recente, principalmente a partir da década de 1970 (Angerami-Camon *et al.*, 2003), cujas pesquisas e aplicações, respectivamente, visam perceber e atuar sobre a inter-relação que envolvem o comportamento, a saúde e a doença.

A Psicologia, como estudo científico do comportamento humano e seus processos mentais, teve o seu marco inicial em 1879, quando Wilhelm Wundt abriu o primeiro Laboratório Experimental da "Psicologia Moderna", na Universidade de Leipzig, na Alemanha. Entretanto, muito séculos antes disso, os filósofos na antiga Grécia já procuravam explicar o homem em suas atitudes e motivações. Desde então, a área foi se desenvolvendo e ampliando seu campo de estudos, que continua se expandindo.

A Psicologia estuda vários aspectos básicos da natureza humana (Braghirolli *et al.*, 2007), quais sejam:

Motivação. Por que as pessoas se comportam desta forma ou de outra? Para encontrar a resposta, observa-se o comportamento, inferindo a existência de motivação: a fome, a sede, a dor, o medo, a curiosidade e a necessidade podem ser considerados como alguns exemplos de motivos para um determinado comportamento.

Sensação. É compreendida como uma simples consciência dos componentes sensoriais e das dimensões da realidade (mecanismo de recepção das informações), ou seja, é a impressão causada nas terminações nervosas (receptores) quando estimuladas.

Percepção. Acredita-se que as sensações, anteriormente citadas, são acompanhadas de significados que a pessoa atribui como resultado da sua experiência anterior, vivenciada. Dessa forma, na percepção, a pessoa relaciona os dados sensoriais com suas experiências anteriores, que, por sua vez, irão atribuir um significado à determinada situação ou acontecimento.

Emoção. Trata-se da reação que uma pessoa vivencia em resposta a uma determinada situação, é um estado emocional complexo, cuja excitação pode mobilizar o organismo como um todo. As emoções são fenômenos humanos universais, capazes de influenciar os pensamentos e comportamentos.

Aprendizagem. É um processo de mudança de comportamento, obtido por meio de experiência construída por fatores emocionais, neurológicos, relacionais e ambientais. Praticamente todo o comportamento humano é aprendido, a saber: vestir, comer, andar, falar, comportamentos, e tantos outros numa lista quase interminável de itens. A aprendizagem promove a alteração no comportamento, permitindo à pessoa viver de acordo com o que aprende.

Inteligência. É a capacidade de compreender e resolver novos problemas, bem como a adaptar-se a novas situações. Trata-se de uma qualidade que todas as pessoas possuem, em maior ou menor grau.

A partir desses aspectos básicos, a Psicologia ampliou seu campo de atuação de tal forma, que hoje apresenta uma natureza interdisciplinar, isto é, com vasta aplicação em diversas áreas do saber. Entre elas está a **Psicologia da Saúde**, que auxilia em tarefas de diagnóstico, tratamento e prevenção de doenças e tantos outros setores da saúde, incluindo a contribuição significativa no atendimento e acompanhamento ao paciente hospitalizado, impactado pelo seu adoecimento.

RESUMINDO

Tendo em vista o estudo e as perspectivas da Psicologia sobre os aspectos básicos da natureza humana, antes expostos, ainda que de maneira resumida, pode-se compreender a expansão da Psicologia em várias áreas, envolvendo os seres humanos, que foi acontecendo de modo inevitável, ao longo do tempo e, entre elas, está o âmbito da **Psicologia da saúde** – essencial no **contexto hospitalar**. A aplicação de técnicas pertinentes aos cuidados e ao atendimento do ser humano, em seu adoecimento, visa à prevenção e à evolução de problemas psicológicos. Além disso, contribui para o bem-estar do paciente, dando assistência para o adequado enfretamento da doença e seu tratamento.

CAPÍTULO 2

TÓPICOS INTRODUTÓRIOS EM PSICOLOGIA DA SAÚDE

A soma das partes é maior do que o todo.
Pensamento Sistêmico

Para atingir o propósito de que todo o conteúdo deste livro seja plenamente absorvido e apreciado, cabe iniciar com os tópicos introdutórios em Psicologia da saúde, os quais incluem quatro questões relevantes a serem consideradas na área da saúde. São elas: **A psicologia nos cursos da saúde; A relação do profissional da saúde com o paciente; A humanização;** e **A técnica do Estudo de Caso**, sendo esta última uma referência a Michael Balint (1896-1970), que criou e desenvolveu a técnica de "estudo de caso" na área da saúde.

2.1 A PSICOLOGIA NOS CURSOS DA SAÚDE E SUA PRÁTICA COM O PACIENTE

A Psicologia da saúde, embora seja um capítulo recente na história da sociedade moderna, continua em expansão.

A disciplina estuda a psicologia do profissional da saúde, do paciente, da relação entre estes, da família e do próprio contexto institucional dessas relações, além de dar ênfase ao papel que as **crenças** e os **comportamentos** desempenham na saúde e na doença (Ogden, 2004).

O ensino só produz resultado satisfatório, isto é, **uma verdadeira modificação de conduta**, se puder diluir-se no ser (self) do aluno, apresentando-lhe um saber que vai ampliar os limites de sua identidade. Se não houver alguma modificação na personalidade do estudante, seja qual for o curso, deve ser reavaliado, pois não estará cumprindo seus objetivos (Mello Filho, 1992).

Em relação ao estudante de graduação em cursos da saúde, é preciso estar atento a algumas questões:

1. **Estágio de desenvolvimento do estudante.** Envolve questões como: instabilidades da adolescência, transição desenvolvimental e a aquisição da identidade do ego, que passam por alterações até a chegada da idade adulta.

2. **A relação estudante/paciente.** Esse processo inclui: (1) ouvir o paciente, como parte importante do apoio de que ele necessita; (2) a possibilidade de os alunos sentirem sintomas ou apresentarem sinais semelhantes aos dos doentes, como ansiedade e/ou identificação; (3) a sedução dos estudantes ou dos enfermos (como resultado de uma possível **transferência** ou **contratransferência** entre os dois lados); e (4) a repercussão da morte.

2.2 A RELAÇÃO DO PROFISSIONAL DA SAÚDE COM O PACIENTE

As implicações das relações interpessoais no contato entre o profissional da saúde e o paciente podem ser passageiras, mas são sempre profundas, por haver interferências de pessoas e de instituições que afetam de um modo geral a vida de quem adoece.

Nessa perspectiva, a atuação adequada nessa relação exige a compreensão de dois aspectos importantes:

1. **O profissional da saúde.** O autoconhecimento é um dos pontos fundamentais da filosofia socrática para o profissional em sua prática com o paciente, porque é o caminho que permite ao indivíduo ter acesso à verdade. Mas que tipo de verdade é essa? É uma verdade capaz de **transformá-lo no seu próprio ser de sujeito**, que conhece seus próprios sentimentos, emoções, qualidades, defeitos e limitações. Essa questão remete ao **"conhece-te a ti mesmo"**, de Sócrates (469-399 a.C.), da antiga Grécia, que nada mais é do que a "relação intrapessoal" tão falada atualmente. No mundo moderno, a proposta de "conhecer-se a si mesmo" começou com a Psicanálise, de Sigmund Freud, que influenciou imensamente a formação intelectual do século XX.
A descoberta da verdade sobre si mesmo não é produto do estudo, mas sim de **uma prática acompanhada de reflexão constante sobre as próprias ações e atitudes – e de como é possível modificá-las para tornar-se uma pessoa melhor.** Trata-se de um processo em que que nós vamos nos moldando e aperfeiçoando no decorrer da existência.

Nesse sentido, o profissional da saúde que conhece a si próprio melhora a relação consigo, com os outros e com o mundo – e na relação profissional da saúde/paciente, propicia a confiança, a adesão ao tratamento, o bem-estar e a qualidade de vida.

O enfoque ideal do profissional da saúde em relação ao paciente deve ser holístico, global e interdisciplinar.

2. **O Paciente**. Na realidade sócio-econômico-cultural em que vivemos, são muitos os doentes que iremos cuidar com características próprias do grupo de que provêm, seus conceitos e preconceitos em relação aos sistemas de saúde vigentes e, em última instância, aos médicos e à equipe de saúde (Mello Filho, 1992), a saber:

- **Aspectos sociais, culturais e econômicos**. A relação entre o enfermo e a equipe de saúde que o trata deve levar em consideração aspectos outros que não apenas as personalidades envolvidas. É importante conhecer a cultura e a sociedade em que vive o paciente. No Brasil, com seus conhecidos regionalismos, este pode ser ponto importante que influencia um bom ou mau relacionamento às partes interessadas.

  Podemos imaginar a abordagem considerando aspectos específicos do doente. Por exemplo: as dificuldades e diferenças entre o paciente analfabeto, inculto, frequentemente sem dinheiro, que irá recorrer aos ambulatórios e hospitais de caridade, estaduais, municipais, o que possui convênio com a Previdência; e o paciente rico, culto, que terá meios de usar consultórios e hospitais particulares. Assim, é preciso contextualizar o paciente e adequar a intervenção/atendimento. O enfermo fora do seu ambiente social e cultural torna-se, com frequência, melancólico, deprimido, desconfiado e, algumas vezes, até hostil à abordagem no hospital. Para muitos, a internação é ameaçadora, pois aprenderam que só se hospitalizam casos graves ou fatais.

- **Estar doente**. A falta ou perturbação da saúde é sentida e sofrida de maneira pessoal, variável de acordo com as vivências próprias anteriores, de enfermidades na família ou no grupo de relações. As experiências individuais do adoecer põem em jogo **mecanismos inconscientes de adaptação e de defesa**, que precisam ser percebidos e tratados adequadamente.

- O ser humano doente "não é mais ele mesmo" quando passa pela **transição saúde-doença**. Essa mudança traz consequências importantes no comportamento humano e pode ser devido a fenômenos biológicos, sociológicos, ambientais ou outros. Ela pode ser súbita, ou cumulativa, como acontece no caso de algumas doenças.

- **Ganhos secundários da doença**. Nesse processo, o doente *"pode fugir"* das responsabilidades do trabalho ou da escola, recebendo afeto e cuidado especial. Em casa, isso fica evidenciado a todo momento: a cama da mãe, o presente, a enfermeira-mãe, as visitas, as revistas e os livros, a comida especial, o remédio nas horas certas. Nos hospitais é frequente a recusa da alta por conta desses benefícios, que cessarão com o retorno ao lar, com privações, ou às condições ruins "externas". Se não conscientizada e trabalhada pela equipe de saúde e pelo paciente, essa recusa leva ao **hospitalismo**, isto é, a permanência indevida e desnecessária em termos de recuperação da saúde. Destacam-se, também, os aspectos sociais acrescidos aos emocionais, como o paciente que não tem condições adequadas para comer, vestir e obter remédios fora do hospital (Mello Filho, 1992).

- **Outras questões igualmente consideradas...**

  a. Fase do desenvolvimento: criança, adolescente, adulto, idoso.

  b. Medos, ansiedades, depressão, conflitos emocionais reprimidos, decorrentes de vivências anteriores.

  c. A doença e a hospitalização na significação particular e específica de cada um.

2.3 A HUMANIZAÇÃO

A Psicologia na prática hospitalar auxilia na promoção da humanização em saúde e tem como principal objetivo de estudo as relações humanas no contexto hospitalar. Além disso, é o resgate do respeito à vida humana, levando-se em conta as circunstâncias sociais, éticas, educacionais e psíquicas em todo relacionamento humano.

A humanização requer um processo reflexivo acerca dos valores e princípios que norteiam a prática profissional, pressupondo, além de um tratamento e cuidado digno, solidário e acolhedor, por parte dos profissionais da saúde ao seu principal objeto de trabalho – o doente/ser fragilizado –, uma nova postura ética que permeie todas as atividades profissionais e os processos de trabalho institucionais.

Assim, é preciso perceber que o outro requer uma atitude profundamente humana. Reconhecer e promover a humanização, à luz de considerações éticas, demanda um esforço para rever, principalmente, atitudes e comportamentos dos profissionais envolvidos direta ou indiretamente no cuidado do paciente (Knobel, 2008).

A humanização encontra respaldo, também, na atual Constituição Federal:

Artigo 1º, III, Constituição Federal: "a dignidade da pessoa humana como um dos fundamentos do Estado Democrático de Direito" (Brasil, 1988).

Contraponto: para que os trabalhadores de saúde possam exercer a profissão com honra e dignidade, respeitar o outro e sua condição humana, entre outros, necessitam manter sua condição humana também respeitada, ou seja, trabalhar em adequadas condições, receber uma remuneração justa e o reconhecimento de suas atividades e iniciativas.

2.4 A TÉCNICA DO "ESTUDO DE CASO"

Na década de 1940, o médico psicanalista Michael Balint (1896-1970) verificou que mais de 70% dos pacientes que iam consultar o clínico geral não apresentavam patologia orgânica. Em vista disso, refletiu sobre a necessidade de treinamento dos generalistas para uma escuta mais abrangente do paciente. Dessa forma, com a colaboração de Enid, sua esposa e também psicanalista, desenvolveu a **técnica de "estudo de caso"**, na qual se discutia e refletia os relatos de cada um dos casos clínicos de pacientes internados.

Balint entendia que o indivíduo portador de uma doença se apresentava como alguém com **uma história que lhe era própria**, e a qual precisava ser ouvida. Além disso, ele dava grande valor aos cuidados de atendimento ao doente e lembrava a conferência de 1918, em Budapest, em que Freud disse: *"Chegaria ainda o dia em que a Psicanálise alcançaria todo indivíduo que necessitasse de cuidados, pois seria direito dos homens".*

Atualmente, parece-nos incontestável a importância de tal afirmação, considerando a necessidade de que o ser humano seja compreendido em seu sofrimento frente a uma doença grave, ou qualquer outra enfermidade. Portanto, justifica-se que todos os profissionais da saúde, em geral, também estejam preparados para atendimentos relacionados a esta questão.

Balint acreditava em uma atitude mais sensível às demandas inconscientes que os pacientes traziam às consultas, e que com um bom entendimento do caso, poderiam produzir um efeito positivo, possibilitando a criação de uma "aliança terapêutica", a qual produziria respostas positivas no paciente, com maior adesão ao tratamento.

Com base nesse episódio, Balint criou a técnica de "estudos de caso", hoje conhecidos como **Grupos Balint**. Os grupos eram coordenados por ele e compostos por não mais de dez médicos que trabalhavam num modelo sistematizado e estruturado e com o seguinte funcionamento inicial:

1. Cada profissional relatava seu caso clínico, não se restringido à doença propriamente dita. Contava a "história clínica" observada, incluindo: a história de vida do paciente, seus sentimentos em relação à sua doença, hospitalização, família, amigos, trabalho etc.

2. Depois de terminado o relato, sem interrupção, cada membro era estimulado a expor o que achava de todas as demandas apresentadas pelo paciente e do(s) sentimentos(s) ocorrido(s) entre o paciente relatado e o seu médico, ou seja: por parte do paciente, a possível **transferência**, que se constitui na repetição de típicos modelos de relacionamentos com importantes figuras de suas relações (pode ser positiva ou negativa); e/ou por parte do profissional da saúde, que seria a possível **contratransferência**, ou seja, reconhecer no paciente a representação de figuras importantes em sua vida (também pode ser positiva ou negativa).

3. Cada profissional falava, um a um, e no fim tentava-se articular uma reflexão levando em conta o relato, os comentários do profissional entrevistador, do paciente, de outros componentes do grupo e outras questões envolvidas.

4. Exigia-se o sigilo absoluto sobre tudo o que se ouvia no grupo Balint.

Depois dos treinamentos no formato de Grupos Balint, os médicos se sentiam menos ameaçados com os sentimentos "transferenciais e contratransferenciais", podendo exercer suas funções com menos dificuldade.

Não há a pretensão de que todo profissional da saúde, que não o psicólogo, tenha que aprender psicoterapia, mas espera-se que "o profissional da saúde" se transforme em um **observador qualificado** diante do assunto aqui exposto. Este parece ser um caminho e uma importante contribuição na clínica como um todo, considerando-se também a **psicossomática** (veja o **Capítulo 16)**, como uma área de conhecimento igualmente eficaz para a compreensão do ser humano adoecido.

RESUMINDO

Na relação com o paciente, a visão deve ser interdisciplinar e de equipe, com competência, cooperação e foco nos objetivos, com o entendimento de que é preciso **ouvir o paciente respeitando sua especificidade**, como parte importante do apoio de que ele necessita.

A técnica de estudo de caso abre perspectivas para mudanças nos relacionamentos entre os envolvidos, ou seja, todos os profissionais da saúde e seus pacientes. Além disso, são mudanças que podem ocorrer no curso de uma doença. Uma concepção em que o paciente acaba sendo o grande beneficiado.

Por fim, é certo que Balint iniciou a técnica com médicos, mas o trabalho pode ser eficientemente desenvolvido por outros profissionais da saúde, requisitados para atender às demandas de atenção na relação com o paciente.

A técnica de estudo de caso, ao propiciar o *"***conhece-te a ti mesmo***"* socrático, melhora gradualmente a relação entre todos os envolvidos no âmbito hospitalar, ou seja, profissionais da saúde e pacientes. Além disso, forma profissionais crítico e reflexivos, capazes de conviver em sociedade e cooperar para a sua melhoria.

CAPÍTULO 3

A COMUNICAÇÃO EM SAÚDE

Conheça todas as teorias, domine todas as técnicas,
mas ao tocar uma alma humana, seja apenas outra alma humana
Carl Jung (1975-1961)

Desde os primórdios da humanidade, o ato da comunicação surgiu a partir da necessidade de os seres humanos passarem as informações uns aos outros. No início, as pessoas se expressavam por meio de gestos, imagens e sons, ainda de maneira primitiva. Entretanto, em um determinado momento desse passado, o ser humano foi adquirindo e desenvolvendo formas mais eficientes e evoluídas de linguagem, para facilitar a comunicação entre os povos.

Desse modo, a partir da comunicação verbal, o ser humano passou da inteligência concreta animal e limitada ao o que é agora, à representação simbólica ou mental do mundo. Por meio da comunicação verbal e não verbal, passamos a transmitir nossas ideias e comportamentos.

3.1 COMO SE PROCESSA A COMUNICAÇÃO HUMANA

Comunicar implica expressar ideias, buscar entendimento e compreensão, mas também significa o estabelecimento de vínculos entre os humanos. Para que a comunicação se torne efetiva, é necessário que a mensagem esteja ao alcance do receptor; que seja compreendida por ele; e seja de alguma utilidade para esse receptor (Medeiros, 1998).

Os estudos em Psicologia da comunicação humana costumam citar os pesquisadores Watzlawick, Beavin e Jackson (1967), da Escola de Palo Alto, na Califórnia (Estados Unidos), que, durante muitos anos, dedicaram-se ao estudo dos efeitos pragmáticos (comportamentais) da comunicação humana, com especial atenção aos distúrbios do comportamento, partindo-se do princípio de que a comunicação é um ato complexo, um processo de interação que dá origem a uma relação significativa entre as pessoas nela envolvidas. Sendo assim, a comunicação entre os membros de uma família é considerada um fator de grande importância na determinação da saúde emocional no grupo familiar. A partir de suas pesquisas, eles descrevem a comunicação humana por meio da **teoria da comunicação**, baseada em propriedades simples que têm, entretanto, implicações fundamentais nas relações interpessoais.

Tal abordagem tem relação estreita e essencial com a Psicologia da saúde que apresentamos aqui neste livro, visto que **a comunicação não é um fenômeno unilateral**, do locutor para o ouvinte, mas um processo de interação.

Para o estudo da comunicação humana, três áreas são consideradas:

a. *sintaxe:* abrange os problemas de transmissão de informação em que é focado o problema de código, os canais, a capacidade, o ruído, a redundância, entre outras propriedades estatísticas da linguagem.

b. *semântica:* compreende o significado.

c. *pragmática:* refere-se ao comportamento na condição de que este é afetado pela comunicação.

Embora seja possível uma nítida separação conceitual das três áreas, elas são, não obstante, interdependentes.

Na perspectiva da pragmática, todo comportamento é comunicação, o que inclui a fala com seus dados da **sintaxe** e da **semântica**, bem como **dados não verbais**, a **linguagem do corpo** e as pistas de comunicação inerentes ao contexto em que o processo ocorre. Busca-se, inclusive, compreender o efeito de um processo de comunicação sobre o receptor (Watzlawick; Beavin; Jackson, 1967).

Quando nos comunicamos pela fala, estamos realizando uma ação, portanto, o ato da fala é uma forma de ação humana. E essa ação, por sua vez, é usada para influenciar um ou vários dos nossos pares no que diz respeito a uma coisa particular. Assim, tem-se aqui uma teoria de comunicação como princípios explicativos de comportamento humano.

A partir do aspecto pragmático da comunicação, o processo de comunicação humana considera **cinco premissas básicas**, as quais, sendo seguidas nas suas implicações, permitem construir uma perspectiva diferente da comunicação humana. Essas proposições básicas (chamadas de axiomas), expostas a seguir, definem algumas propriedades formais da comunicação, a partir das quais é feita toda a reflexão sobre a relação interpessoal (Watzlawick; Beavin; Jackson, 1967):

AXIOMA 1:

Não se pode "não" comunicar

Numa interação, todo o comportamento tem valor de mensagem – é uma comunicação, um compromisso entre as pessoas. Desde que estas estejam mutuamente conscientes da presença umas das outras, qualquer comportamento de uma pessoa afeta sempre de qualquer modo o comportamento das pessoas à sua volta.

Pode-se dizer que não há qualquer tipo de **não comportamento**, ou ainda, não podemos, em ocasião alguma, deixar de nos comportarmos. Ora, se admitirmos que numa interação todo o comportamento tem um valor de mensagem, podemos concluir que **não é possível não comunicar**, isto é, qualquer comportamento na presença de outro é sempre a comunicação de algo.

AXIOMA 2:

Toda comunicação processa-se em dois níveis: de conteúdo e de contexto.

O **conteúdo** é **"o que"** é dito; e o **contexto**, **"como"** é dito, refere-se ao que é dito, isto é, à forma como deve ser entendido o que foi dito.

Toda comunicação funciona a partir de um envolvimento recíproco e, por isso, define uma determinada relação entre os elementos que participam num determinado processo de comunicação. Em outras palavras, podemos dizer que uma comunicação não se limita a transmitir uma informação, mas ao mesmo tempo tende a induzir um determinado comportamento. A informação que é transmitida designa naturalmente o conteúdo da mensagem e pode ter por objeto tudo o que é comunicável, independentemente do fato de a informação ser verdadeira, válida ou até compreensível. Por outro lado, os elementos que designam a forma como deve ser entendida a mensagem definem a relação entre os parceiros.

Situações diferentes, diante da seguinte pergunta:

Estas pérolas são verdadeiras? Exemplos:

Situação A: Feita por alguém numa joalheria ao vendedor.

Situação B: Feita por uma mulher a outra em voz alta numa recepção de cerimônia.

(*) O conteúdo é o mesmo, contudo, são duas relações completamente diferentes.

AXIOMA 3:

A natureza de uma relação depende da forma como ambos os parceiros pontuam as sequências de comunicação.

Consideremos agora uma outra propriedade fundamental da comunicação: a interação entre os participantes em processos de comunicação. Para um observador externo, uma série de mensagens pode ser considerada como uma sequência ininterrupta de trocas. Contudo, cada uma das pessoas, para dar sentido ao seu comportamento e ao dos outros, faz aquilo que foi designado por **pontuação da sequência de fatos**.

A noção de pontuação tem aqui um significado muito próximo do verificado na linguagem escrita, porque tem fundamentalmente a mesma natureza e serve à mesma função. No que diz respeito à sua natureza, da mesma forma que na linguagem escrita, a pontuação no processo de interação marca o início e o fim de sequências concretas. Ou seja, um ponto final marca o fim de uma frase com um sentido em si e, ao mesmo tempo, marca o início de outra frase. Exemplos:

Situação A: Vou viajar com uma amiga, e você fica. Melhor assim!

Situação B: Vou viajar com uma amiga e você! Fica melhor assim.

(*) A ordem das palavras é a mesma, mas a pontuação fez a diferença no sentido.

AXIOMA 4:

Os seres humanos comunicam de maneira <u>digital</u> e de maneira <u>analógica</u>.

Na comunicação humana, podemos designar os objetos, num sentido vasto do termo, de duas maneiras inteiramente diferentes. Podemos representá-los por qualquer coisa a que se assemelhem, um desenho, por exemplo, ou podemos designá-los por um nome. Assim, na frase escrita: **"O gato apanhou o rato"** podíamos substituir as palavras por imagens, o que, sendo bem-feito, não acarretaria nenhuma perda de sentido. No primeiro caso (utilização de símbolos linguísticos) estamos diante de uma **comunicação digital**, no segundo caso (utilização de analogias) estamos perante uma forma de **comunicação analógica**.

No estado atual de conhecimentos, supomos que o homem é o único organismo capaz de utilizar estes dois modos de comunicação: **digital** e **analógico**. Enquanto a linguagem digital é importante no que se refere à troca de informação sobre os objetos com vista à transmissão do conhecimento, a comunicação analógica, sendo a linguagem da emoção por excelência, serve essencialmente para assinalar intenções e indicações de humor por meio da qual definimos a natureza das nossas relações, mais do que para transmitirmos informação sobre os objetos. Exemplos:

> **Situação A:** Estou muito bem hoje
> **Situação B:** Estou muito bem hoje.
> (*) A linguagem digital é a mesma, mas a analógica mostra-se diferente nas situações A e B.

Sempre que a relação é o tema em causa, **a linguagem digital** *(a fala)* revela-se extremamente pobre diante da **linguagem analógica (o corpo e o jogo fisionômico)**. Isso ocorre em muitas circunstâncias da vida humana e, entre elas, atender o ser humano em seu adoecimento. Muitas vezes dizemos que as crianças têm uma capacidade especial para as características de personalidade dos adultos, o que é de alguma forma assim porque elas são especialmente sensíveis aos aspectos analógicos da comunicação. Por outro lado, é muito fácil iludir os outros do ponto de vista verbal, mas é muito difícil mentir no domínio analógico.

AXIOMA 5:
Toda comunicação pode ser definida como sendo <u>simétrica</u> ou <u>complementar</u> segundo se baseia na <u>igualdade</u> ou na <u>diferença</u>.

Se, por exemplo, numa determinada cultura o modelo de comportamento apropriado para o indivíduo **A** for um modelo **autoritário**, podemos esperar que outro indivíduo **B**, que entre em interação com o indivíduo **A**, adote um modelo de comportamento culturalmente definido como **submissão**. É igualmente provável que essa submissão tenda a favorecer novos comportamentos autoritários do indivíduo **A**, que exigirão comportamentos submissos, e assim por diante, de tal forma que **A** se tornará cada vez mais autoritário e **B** cada vez mais submisso. Se, pelo contrário, ao comportamento autoritário do indivíduo **A**, o indivíduo **B** responde com um comportamento do tipo autoritário, é provável que se desenvolva uma situação de competição na qual o autoritarismo conduz a um autoritarismo cada vez maior.

Estes dois modelos acabaram sendo designados simplesmente por **interação complementar** e **interação simétrica**. Podemos dizer que se tratam de relações fundadas seja sobre a **igualdade (simetria)**, ou sobre a **diferença (complementaridade)**. No primeiro caso, os parceiros tendem a adotar um comportamento em espelho, por isso a sua interação pode ser considerada simétrica. No segundo caso, o comportamento de um dos parceiros de certa maneira complementa o comportamento do outro e, assim, consideramos a sua interação complementar. Desse modo, uma **interação simétrica** caracterizase pela igualdade, enquanto uma **interação complementar** se define pela diferença.

3.2 A COMUNICAÇÃO EM SAÚDE

Apesar de todos os avanços científicos e tecnológicos, percebemos pelos atendimentos a pacientes hospitalizados que o câncer ainda é uma doença associada à possibilidade de sofrimento físico, emocional e morte. O nível social, econômico e cultural, além de sexo e idade, são alguns dos fatores que interferem no nível de impacto psicológico que o diagnóstico de doença grave pode causar no indivíduo.

Será que o paciente deve ter plena informação sobre sua doença? Estará o profissional de saúde recebendo adequada formação nas escolas, embasamento psicológico e psicossocial para essa delicada parte do exercício de sua profissão?

Será correto que um paciente passe por um longo e doloroso tratamento, sem que tenha sido sequer informado sobre seu diagnóstico e o resultado esperado desse procedimento?

Sabe-se que há divergências quanto à conduta a ser tomada. Em alguns lugares do mundo, defende-se que os pacientes devem saber tudo, seu diagnóstico e prognóstico, enquanto em outros, os médicos preferem revelar o diagnóstico eventualmente ou para a família do doente. São situações que vivenciamos muitas vezes no decorrer dos atendimentos aos pacientes internados.

3.3 COMO INFORMAR O PACIENTE?

Sabe-se que uma **minoria de pacientes (2 a 4%) não deseja conhecer seu diagnóstico**, mesmo assim, até 1993, cerca de 60% dos gastroenterologistas europeus não revelavam rotineiramente um diagnóstico de câncer quando não questionados (Cavalcanti, 2005).

Geralmente os pacientes desejam receber toda informação possível e preferem a presença de um familiar próximo e sua maior angústia é a espera para a confirmação do diagnóstico. A terminologia utilizada pelo profissional, suas habilidades pessoais de simpatia, compreensão, ouvir com atenção, transmitir respeito e prover esperança são condições importantes para o ajuste emocional do paciente à doença.

A seguir, **o modelo de comunicação de diagnóstico**, da Universidade do Texas, M. D. Anderson Cancer Center/Houston – Passos em *"Breaking bad news"* (O protocolo *"Spikes"*):

Quadro 1 – Comunicação de diagnóstico ao paciente

- Crie um **ambiente apropriado**: privacidade, conforto para o paciente, tempo ininterrupto, o paciente deve sentar-se de modo que seus olhos fiquem ao nível dos olhos de quem está comunicando.
- Verifique **a percepção do paciente em relação ao seu problema**. Exemplo: "Fale-me o que você pensa sobre a razão dos exames que fizemos".
- Obtenha informação sobre **o desejo do paciente em ser informado** dos detalhes da sua condição médica. Exemplo: "Quando os resultados dos exames estiverem completos, você é o tipo de pessoa que quer saber tudo?..."
- Forneça conhecimento e informação ao paciente: informe por partes pequenas, cheque a compreensão dele constantemente, **evite o jargão médico**.
- **Enfatize que você compreende as emoções expressas pelo paciente**. Exemplo, para o choro: "... eu entendo que você não estava esperando este tipo de notícia..."
- **Faça um resumo** do que você falou e envolva o paciente em suas estratégias de tratamento ou acompanhamento.

Fonte: Cavalcanti (2005)

3.4 QUANDO A COMUNICAÇÃO DO DIAGNÓSTICO É CONTRAINDICADA?

a. Em casos de pacientes muito jovens, ou quando suas condições físicas ou psicológicas não permitam uma correta compreensão de sua doença.

b. Quando o profissional, mesmo que legalmente competente, não esteja devidamente preparado para o estabelecimento de um diagnóstico.

É importante que o profissional que revela um diagnóstico de doença grave esteja integrado a uma equipe multidisciplinar, para que o paciente seja devidamente encaminhado e receba seu tratamento. Tanto a realização de exames diagnósticos quanto o tratamento só podem ser instituídos com o consentimento do paciente e ele também deve ser esclarecido sobre os possíveis resultados de seu tratamento (Cavalcanti, 2005).

A comunicação do diagnóstico marca o início de uma série de mudanças negativas na vida do paciente. A qualidade de comunicação entre paciente e profissional está relacionada ao seu ajuste emocional à doença e ao envolvimento do paciente e seus familiares no tratamento e deve ser valorizada. É necessário que os profissionais de saúde tenham uma conduta pautada pelos **valores humanos e não apenas pelos valores técnicos e terapêuticos**. O atendimento de um profissional de saúde, na circunstância de uma doença grave, busca compreender uma angústia, um pedido de ajuda.

Assim, o profissional precisa aplicar sua sensibilidade para lidar com o ouvir e o sentir de uma pessoa fragilizada pela doença, pelo tempo que perdeu para chegar ao diagnóstico e pelas tentativas frustradas de solução de seu problema (Cavalcanti, 2005).

Em relação à comunicação do diagnóstico ao paciente, é dever do médico e está prevista em seu código de ética profissional. A **não comunicação** só é permitida em casos de pacientes pediátricos, ou quando suas condições físicas ou psicológicas não permitam uma correta compreensão de sua doença, devendo, nesse caso, ser o diagnóstico comunicado à família ou responsável. É, pois, uma conduta de exceção e exige do profissional discernimento e envolvimento suficientes para saber reconhecer com quais pacientes a verdade pode ser omitida (Gomes; Silva; Mota, 2009).

As pessoas doentes sabem, ou intuem, o que está acontecendo com elas, mesmo que não sejam informadas diretamente. Não contar, ou fingir que nada está acontecendo, favorece que se crie uma situação de fingimento, que muitas vezes é mútua. Há a transmissão de mensagens ambivalentes, em que o conteúdo verbal expresso, de que está tudo bem, não coincide com as informações trazidas por semblantes carregados e olhos vermelhos, sinalizando o agravamento da situação. O conteúdo verbal pode ser censurado, mas é virtualmente impossível controlar todos os movimentos, os gestos e as expressões corporais. O paciente, preocupado com o que percebe em si, busca nas pessoas à sua volta a confirmação de suas impressões. Nesse momento, pode-se instalar um sentimento de isolamento, porque não está ocorrendo uma comunicação de fato. Vale dizer que **comunicar uma notícia não é simplesmente informar e desaparecer**. Trata-se de um processo que leva tempo e que deve ser realizado em várias etapas. Sabe-se que algumas informações terão de ser dadas repetidas vezes, já que pessoas em grave impacto emocional geralmente não absorvem aquilo que ouvem, mesmo que a linguagem utilizada seja compreensível (Gomes; Silva; Mota, 2009).

Considerações como essas deixam claro que **a não comunicação do diagnóstico ao paciente deve ser uma conduta de exceção**. No artigo 59 do código de ética médica, consta que nos casos em que o diagnóstico, o prognóstico e os riscos não forem comunicados ao paciente, devem ser feitos ao seu responsável.

A não comunicação como conduta para **preservar** o doente pode parecer um menosprezo à realidade dos fatos. Muitas vezes o real objetivo pode representar, inconscientemente, uma proteção do próprio médico que se vê impotente diante de suas limitações em curar, sentindo-se, como ser humano que também é, inseguro diante do caso. Nessas situações, o profissional, por meio de uma reflexão sobre seus sentimentos, deve buscar ajuda de outros profissionais e/ou colegas, dividindo as suas angústias, para também se fortalecer emocionalmente.

RESUMINDO

Diante dos axiomas e diretrizes da comunicação aqui expostos, compreende-se a complexidade do tema, que promove a nossa reflexão. A comunicação humana é, sem dúvida, um processo complexo, que deve respeitar as características pessoais do **receptor**, de tal maneira que recomenda ao **emissor** o cuidado na elaboração de uma mensagem, compatibilizando o seu conteúdo a um nível da linguagem que o receptor possa compreendê-la com clareza. Por conseguinte, quando esse caminho é trilhado de maneira adequada, o ciclo da comunicação se completa com sucesso: **Emissor → Mensagem → Receptor → Decodificação**.

CAPÍTULO 4

A ENTREVISTA CLÍNICA EM HOSPITAL GERAL

Você precisa saber falar, saber calar e, sobretudo,
saber ouvir o que as palavras não dizem.
Kabir (1440-1518)

A entrevista clínica é um elemento essencial do encontro entre o profissional da saúde entrevistador e o paciente hospitalizado e envolve três objetivos: (1) **conhecer o doente**, (2) **identificar a doença**, e (3) **detectar a relação do paciente com o seu adoecimento**. Trata-se de uma atividade realizada por meio da palavra falada, momento em que a aplicação das técnicas para a comunicação humana, apresentadas no capítulo anterior, são imprescindíveis.

Objetivos da entrevista: organizar e sistematizar os dados do paciente, de modo que seja permitida a orientação de determinada ação terapêutica com a respectiva avaliação de sua eficácia; fornecer subsídios para previsão do prognóstico; auxiliar no melhor atendimento ao paciente, pelo confronto de registros em situações futuras (Bastos, 2000).

4.1 OS TRÊS ESTÁGIOS DE UMA ENTREVISTA EM PSICOLOGIA DA SAÚDE AO PACIENTE INTERNADO

1. **Início**. Um cumprimento cordial, sem ser efusivo.

   a. Convite para que o paciente aceite conversar com o profissional sobre suas questões de saúde.

   b. Durante toda a entrevista, recomenda-se o uso de linguagem apropriada, respeitando o nível cultural do paciente, para o bom entendimento dos assuntos abordados.

2. **Desenvolvimento**. Inclui as seguintes informações:

   a. Identificação: nome, sexo, grau de instrução, profissão, religião, estado civil, onde vive (cidade ou campo);

b. Estilo de vida: hábitos e comportamentos (alimentação, taba-gismo, álcool, agrotóxicos e outros), incluindo o tempo e a frequência de uso;

c. Relato sobre o início da doença e do tratamento;

d. O significado da doença na vida da pessoa;

e. Impactos da doença na vida da pessoa após o adoecimento;

f. Mudanças na vida, após o adoecimento;

g. Aspectos emocionais e comportamentos do paciente;

h. Presença ou não de dor e intensidade.

3. **Encerramento e agradecimento ao paciente pela disponibi-lidade em conversar.**

Veja o **Roteiro de Entrevista Psicológica em Hospital Geral**, no **ANEXO I** deste livro. Trata-se de um documento já estruturado para aplicação, entretanto, cabe esclarecer que qualquer roteiro aqui sugerido pode sofrer variações, a depender daquilo que se quer verificar em cada situação e/ou Instituição, tais como a fase de desenvolvimento do paciente (criança, adolescente, adulto/meia-idade, idoso), a especialidade em que a entrevista será aplicada e os objetivos a serem alcançados pela equipe de saúde em questão, conforme as demandas em cada caso.

4.2 O ENTREVISTADOR

Com base na minha experiência e prática no atendimento a pacientes hospitalizados, tenho por convicção que o profissional entrevistador, antes de iniciar a prática de entrevistas, deve estar devidamente preparado para ouvir o paciente no que se refere à postura de total disponibilidade no **aqui e agora**, no decorrer desse processo, buscando captar a existência das vivên-cias do paciente em relação aos assuntos abordados durante a entrevista.

Esse é um encontro que compreende uma relação interpessoal entre o profissional da saúde e o paciente, permitindo um conhecimento mais aprofundado do caso, por meio da análise das respostas oferecidas, bem como da observação criteriosa da fala e do comportamento do paciente.

Importante salientar ao entrevistador que, mesmo quando o paciente se encontra lúcido e orientado, sem alterações do pensamento nem déficit cognitivo, é possível que algumas respostas aos questionamentos nem sempre sejam satisfatórias, exatas ou coerentes. Um fato que pode acontecer e, portanto, requer a atenção em relação às **diferenças socioculturais** apresentadas pelo entrevistado.

O entrevistador não deve expor suas reações e nem sua história de vida. Não deve permitir ser considerado como um amigo pelo entrevistado. Tratar o entrevistado com cordialidade, e não de maneira efusiva.

Cabe ao entrevistador proceder a uma reflexão e identificação de possíveis reações emocionais observadas na dupla profissional/paciente. Os **sentimentos contratransferenciais** (positivos ou negativos) por parte do profissional devem ser compreendidos apenas como um dado de análise da entrevista, assim como os **sentimentos transferenciais** (positivos ou negativos), por parte do paciente. Portanto, não reagir diante de qualquer sentimento que possa ser percebido no entrevistado. Características necessárias ao entrevistador:

1. Ter disposição, empatia, flexibilidade e compreensão;

2. Observar de modo subjetivo os processos psicológicos apresentados pelo paciente, sempre de maneira empática;

3. Compreender que as respostas nem sempre são satisfatórias, exatas ou coerentes, que podem acontecer em decorrência de diferenças culturais. Daí a importância de adequar o nível de linguagem utilizado, conforme o paciente (regras da Comunicação em Saúde);

4. Ouvir atentamente para compreender, antes de classificar e/ou rotular o que é dito;

5. Considerar as reações emocionais, a atitude, a atividade psicomotora, o comportamento e a linguagem do paciente;

6. Observar cuidadosamente **"o que é dito"** pelo paciente e **"como é dito"**.

7. Considerar a **"pessoa"** do doente, não apenas a **doença**.

Durante o contato com o paciente, observar e avaliar a dimensão inconsciente do comportamento, tais como **Mecanismos de defesa do ego** (veja o **Capítulo 7**) e as reações emocionais de cada paciente em **A doença e seus aspectos psicológicos** (veja o **Capítulo 17**).

Pode ocorrer, ocasionalmente, que familiares tentem fazer acordos com o profissional da saúde sobre o caso do paciente, falando em separado, ou sinalizando por trás do paciente durante a entrevista. Tais acordos não devem ser estimulados, pois tendem a prejudicar a relação com o paciente. É preciso evitar esse tipo de envolvimento, de maneira delicada, sem colocar-se contra a família.

Após a entrevista, e respectiva discussão do caso com as devidas análises será possível recomendar se esse paciente necessita ou não de avaliação e/ou acompanhamento psicológico.

Na transcrição da entrevista, recomenda-se o uso de verbos como: **relatar, mencionar, declarar, informar**, tendo sempre o paciente como o sujeito deles. Exemplos:

- "o paciente informa que..."
- "o paciente relatou que..." ou
- "de acordo com declarações do paciente..."

Por conseguinte, deixa-se claro que as informações apresentadas constituem registros fidedignos às narrativas expostas pelo paciente, sendo, portanto, de responsabilidade dele.

4.3 O PACIENTE

É de conhecimento público que o surgimento de uma doença e/ou hospitalização suscitam emoções como ansiedade e medos no ser humano, sobre as possíveis consequências danosas para si, além do surgimento de uma depressão, que pode agravar a situação. A partir de então, o paciente entra numa condição de estresse contínuo, que por sua vez vai mobilizar vários outros mecanismos emocionais/psicológicos, ampliando os possíveis prejuízos ao organismo.

Da mesma forma, a resolução favorável, ou não, do adoecer psicológico, resultante da experiência de estar doente, depende do equilíbrio de alguns fatores comuns a todo ser humano, tais como a estrutura emocional e seus recursos adaptativos.

Diante desse cenário, o olhar dos profissionais da saúde em relação ao paciente deve ser integral e cauteloso, de modo a compreender a doença e a hospitalização na significação particular e específica que tem para cada indivíduo e de cuja configuração fazem parte: os fatores genéticos, psicodinâmicos e experiências pregressas com o adoecer, em si e em outras. A subjetividade do paciente hospitalizado também depende dos condutores existentes no contexto do sistema em que ele se insere, a saber: o contato com os profissionais e o sistema administrativo de onde procedem as ações de saúde.

Cabe lembrar que algumas situações podem ser extremamente desfavoráveis e devem ser consideradas: doença grave ou mutiladora, atuação de profissionais incompetentes (frios e/ou ineficazes), os quais podem desequilibrar a estrutura de ego. Enquanto que, ao contrário, condições de atendimento favoráveis, como doenças menos graves, atuação de profissionais competentes e atenciosos podem manter em equilíbrio o paciente, até mesmo aqueles com estruturas de ego mais frágeis.

RESUMINDO

O preparo dos profissionais da saúde que estão na linha de frente, no atendimento ao paciente, é primordial, considerando que muitos pacientes sucumbem psicologicamente diante da doença, recorrendo a formas nocivas e contraproducentes, e até extremas, de lidar com sua situação, que pode ir desde a não adesão ao tratamento até uma tentativa de suicídio. Daí a necessidade de uma ajuda profissional apropriada, para a remissão do quadro.

Muitas vezes essa necessidade de atendimento psicoterápico pode não ser percebida pelos pacientes, pois suas preocupações estão dirigidas para o corpo, para as ações terapêuticas que são praticadas sobre o seu corpo. Assim, atribuem seu mal-estar emocional às vivências oriundas desse corpo doente, achando, portanto, que as suas emoções de mal-estar são naturais e sem solução. Ficam aprisionados em suas emoções, intensificando o processo de regressão emocional em que se encontram.

Outras vezes, familiares e amigos, ou mesmo outros pacientes, detectam o desajuste emocional do doente, percebendo a necessidade de ajuda, ocasionalmente comunicadas ao médico, à enfermeira ou até mesmo a outros profissionais em visita ao paciente.

CAPÍTULO 5

CONCEITOS BÁSICOS EM PSICOLOGIA

Conhece-te a ti mesmo, para que possas melhorar a tua habilidade
de relacionar-se contigo mesmo e com o mundo a tua volta
Sócrates (469/399 a.C.)

A Psicologia é a área da ciência que estuda a **mente**, o **comportamento humano** e as suas interações com o ambiente físico e social. A palavra tem origem nos termos gregos *psique* (alma) e *logos* (alma). Todas as conclusões, nessa área, são baseadas em estudos científicos testados e comprovados, feitos por meio dos métodos da observação, experimentação, descrição e até mesmo simulação.

A história da Psicologia se confunde com a Filosofia até meados do século XIX. Os filósofos gregos Sócrates, Platão e Aristóteles deram o pontapé inicial na instigante investigação da alma humana:

- **Sócrates** (469-399 a.C.). Entendia que a principal característica do ser humano era a **razão**, aspecto que permitiria ao homem deixar de ser um animal irracional.

  Entre os filósofos da antiguidade, Sócrates é o que se mostra mais interessado em nossa relação com os outros e com o mundo. É de Sócrates a famosa frase: **Conhece-te a ti mesmo**, afirmando que é preciso refletir constantemente sobre as próprias ações. Tal procedimento nada mais é do que a "relação intrapessoal" proporcionada pela psicoterapia.

- **Platão** (427-347 a.C.). Discípulo de Sócrates, concluiu que o lugar da razão no corpo humano era a cabeça, representando fisicamente a psique, e a medula teria como função **a ligação entre mente e corpo**.

- **Aristóteles** (387-322 a.C.). Discípulo de Platão, entendia **corpo e mente** de maneira integrada, e percebia a psique como o princípio ativo da vida.

Entretanto, em 1649, **René Descartes**, filósofo francês, publicou a obra *Paixões da Alma*, reafirmando a **separação entre corpo e mente**. Uma concepção que dominou a ciência até meados do século XX, quando surgiu a **psicossomática** (veja **Capítulo 16**), que resgatou a ideia mente/corpo concebida de Hipócrates, no século V (a.C.). Alguns pesquisadores alegam que essa hipótese assumida por Descartes foi um subterfúgio encontrado por ele para continuar suas pesquisas, desenvolvidas a partir da dissecação de cadáveres, com o apoio da Igreja e protegido contra a Inquisição.

O fato é que no fim do século XIX, em 1879, **Wilhelm Wundt** (médico de formação e filósofo alemão), montou o primeiro laboratório de Psicologia, na Universidade de Leipzig, na Alemanha, com o objetivo de estudar a mente e o comportamento humano, os quais, para ele, à semelhança de planetas, de substâncias químicas ou de órgãos humanos, poderiam ser objeto de análise científica (Atkinson, 2007). Assim, a Psicologia distanciou-se da Filosofia e da Fisiologia, dando origem ao que se chamou de Psicologia Moderna, e Wundt passou a ser considerado o "**fundador da nova ciência da psicologia**".

Os comportamentos observáveis passaram a fazer parte da investigação científica em laboratórios com o objetivo de se controlar o comportamento humano.

Segundo uma das maiores organizações de psicólogos dos Estados Unidos: a **American Psychological Association (APA)** (Associação Norte-Americana de Psicologia), fundada há mais de cem anos, há uma lista de divisões e abordagens que refletem a enorme diversidade do campo da Psicologia. Dessa forma, hoje, a Psicologia pode contribuir em várias áreas de conhecimento, possibilitando a cada área uma gama infinita de descobertas sobre o homem e seu comportamento, ou sobre o homem e suas relações.

Atualmente é fácil aceitar a ideia da existência de **processos inconscientes**. Mas não foi assim tão fácil nas etapas iniciais do desenvolvimento da Psicanálise. A ideia despertou uma forte oposição, tanto dos círculos médicos quanto dos leigos.

O próprio Freud (1856-1939), considerado o pai da Psicanálise, admitiu como uma atitude natural humana rejeitar a ideia de que somos dominados por processos que desconhecemos, quando anunciou que a **descoberta do inconsciente tira do homem o domínio sobre sua própria vontade**. Tal questão foi vista como a terceira grande ferida no narcisismo da humanidade (Rappaport, 1981):

> As três grandes feridas no narcisismo da humanidade:
>
> **A primeira:** causada por Copérnico, ao tirar a Terra do centro do universo.
>
> **A segunda:** causada por Darwin, que ao definir "A origem das espécies na luta pela vida", tira do homem a pretensão de ser filho de Deus.
>
> **A terceira:** a descoberta do inconsciente, que tira do homem o domínio sobre sua própria vontade.

A partir de estudos realizados com vários pacientes, Freud definiu a existência do **consciente** e do **inconsciente**, fato que mudou para sempre o olhar do ser humano sobre seu próprio comportamento. No inconsciente estão escondidos os instintos, impulsos, pensamentos e sentimentos dos quais normalmente não temos consciência e manifesta-se por meio de **sonhos, chistes, devaneios, lapsos de linguagem** e **sintomas**.

5.1 CONSCIENTE, INCONSCIENTE, RESISTÊNCIA E REPRESSÃO

O consciente. Corresponde a tudo aquilo que o indivíduo está ciente em determinado instante e cujo conteúdo provém de duas fontes principais: **(a) o conjunto dos estímulos atuais**, percebidos pelo aparelho sensorial; e **(b) as lembranças de experiências passadas**, evocadas naquele instante.

Quanto mais a atenção do indivíduo estiver voltada para os fatos da realidade presente, menos haverá lugar para lembranças do passado. Em contraposição, quanto mais a consciência dele estiver ocupada pelas recordações, menos esse indivíduo estará atento para os acontecimentos atuais.

O inconsciente. Corresponde à área da vida psíquica na qual se encontram os nossos impulsos primitivos, que influenciam o nosso comportamento e dos quais não temos consciência, além de um grupo de ideias carregadas emocionalmente, que em algum momento foram conscientes, mas em vista de seus aspectos insuportáveis pelo sofrimento que causaram, foram excluídas da consciência e movidas para um plano mais profundo, do qual não podem vir à tona de maneira espontânea.

Os conteúdos inconscientes não se desgastam, são sempre ativos. Dessa forma, um impulso básico armazenado no inconsciente tem, no presente, a mesma força que possuía no passado e uma emoção recalcada permanece com a mesma intensidade com que foi conscientemente sentida pela primeira vez. É por essa razão que num sonho, um indivíduo pode lutar ou brigar com alguém que já nem esteja mais vivo, mas que inconscientemente continua sendo uma imagem concreta de desagrado ou trauma em seu inconsciente.

Para Freud, o comportamento humano baseia-se nos instintos ou impulsos inconscientes. Alguns instintos são agressivos e destrutivos; outros, tais como a fome, a sede, a autopreservação e o sexo, são necessários à sobrevivência do indivíduo e da espécie. Ele usava o termo **instintos sexuais** para se referir não somente à sexualidade erótica, mas também ao desejo de obter praticamente qualquer forma de prazer. Nesse sentido mais amplo, Freud considerava o instinto sexual o fator mais crítico no desenvolvimento da personalidade (Morris, 2004).

Na continuidade de seus estudos, Freud percebeu que fatos significativos da vida de um indivíduo nem sempre podem emergir, senão com muito esforço, pois há uma força que se opõe à sua percepção consciente e definiu essa força como "resistência".

A resistência. Tem a função de manter o evento traumático no inconsciente, protegendo o indivíduo da dor e do sofrimento que seriam trazidos, a partir do seu conhecimento. Quanto maior a dor a ser vivida com a recordação, mais a resistência é mobilizada, tornando-se mais difícil a recordação do trauma reprimido (Rappaport, 1981).

A descoberta da resistência leva imediatamente a outra questão: se há necessidade de uma força tão grande para impedir que **o trauma** se torne consciente, é sinal de que as recordações traumáticas estão presas. Entretanto, não estão imobilizadas no inconsciente. Quanto mais doloroso o evento reprimido, maior deve ser a força para que ele se torne consciente. Essa força que se mobiliza para que o trauma não se torne consciente, trazendo à consciência um acontecimento, cuja dor o indivíduo não poderia suportar, Freud chamou de **repressão**. Na prática clínica, o que se observa é o aparecimento da resistência. A repressão, portanto, é a consequência lógica da resistência.

A repressão. Ocorre quando fatos inaceitáveis, dolorosos ou desagradáveis são empurrados para o inconsciente, retirando do indivíduo a consciência de tais fatos que gerariam dor psíquica. Trata-se de um elemento frequente na vida do indivíduo. Todas as pessoas reprimem sonhos e/ou fatos que causem sofrimento, tendo como consequências o esquecimento de nomes e outros detalhes. Alguns tipos de amnésia podem ser incluídos nessa categoria. Por exemplo: um pai que presencie a morte de um filho durante um assalto, ao ser indagado por autoridades, ainda em estado de choque, pode ser incapaz de relatar o ocorrido e, no entanto, demonstrar profunda dor pela perda.

Psicologicamente, quando alguém passa por um evento assim, tão doloroso, que sente não poder suportá-lo, a repressão desse acontecimento ocorre como um processo de autoproteção. A dor pode ser suportada até certo limite. Diante da perspectiva de uma grande dor, os acontecimentos são reprimidos e escapam à percepção consciente. Mas a repressão não elimina o trauma, ele fica apenas **reprimido**, entretanto, segue, permanentemente, tentando ocupar a consciência. A resistência impede, mas como consequência da luta, teremos a formação dos **sintomas neuróticos**.

> **PORÃO DO INCONSCIENTE:**
> A metáfora acerca da Repressão, do Inconsciente e da Resistência

Figura 1 – Metáfora da "fera raivosa" aprisionada no "porão do inconsciente"

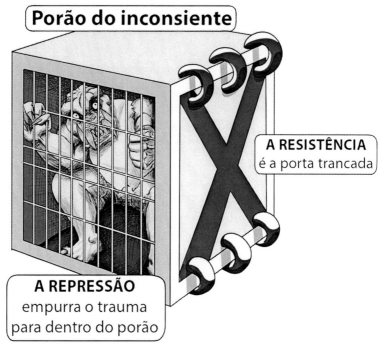

Fonte: a autora

Explicitando a metáfora:

- **A fera raivosa** representa um **"evento traumático"** ocorrido**,** cuja dor psíquica o indivíduo não consegue suportar.

- Em decorrência disso, a **repressão** empurra a fera para o **inconsciente**.

- A **fera (o trauma)** tenta insistentemente sair do porão, mas é impedida pela porta trancada, que representa a **resistência**.

- Essa tentativa malsucedida da fera em escapar causa **"barulho"**, o qual se manifesta por meio de **sintomas neuróticos** apresentados pelo indivíduo: choro, gritos, agressividade, explosões de raiva, amnésia (em relação ao fato traumatizante), vergonha, culpa, além de comportamentos socialmente inadequados: bebidas, drogas e outros.

- Um tratamento psicoterápico adequado pode ajudar na **libertação dessa fera**, possibilitando **a consciência e a libertação do trauma**, resultando em **melhor qualidade de vida emocional e melhoria nas relações interpessoais** desse indivíduo.

5.2 A ESTRUTURA DINÂMICA DA MENTE HUMANA

Os processos psicológicos parecem ocorrer sempre paralelamente aos processos fisiológicos ou biológicos básicos. Dizemos que as teorias psicológicas são suportadas pelo biológico. Psicologicamente, se alguém passa por um evento tão doloroso que sente não poder suportá-lo, a repressão do acontecimento será um processo de autoproteção. A dor pode ser suportada até certo limite. Diante da perspectiva de uma grande dor, os acontecimentos são reprimidos e escapam à percepção consciente. Mas a repressão não os elimina. O trauma reprimido estará permanentemente tentando ocupar a consciência. A resistência o impedirá, conforme já foi visto, mas como consequência da luta teremos a formação dos **sintomas neuróticos**.

A descoberta da resistência e da repressão marca a ultrapassagem de um modelo estático do trauma para um **modelo dinâmico**, de jogo de forças. A descoberta da resistência e da repressão marca também a introdução do conceito de mecanismos de defesa (veja **Capítulo 7: Mecanismos de Defesa do ego**), cuja função é proteger o indivíduo do sofrimento (Rappaport, 1981).

Inconsciente, repressão, resistência e mecanismos de defesa são alguns dos conceitos básicos em Psicologia, e mais:

- **Princípio do prazer**. Refere-se ao ato de obter prazer imediato e evitar a dor, contido no **Id**. Pode manifestar-se por meio de ações reflexas, como a tosse e o choro; ou fantasias, como a realização do desejo (Morris, 2004).

- **Pulsão**. Impulso energético interno que direciona o comportamento do indivíduo. Sua meta é sempre a busca por satisfação. A pulsão busca o prazer e quem oferece essa possibilidade de satisfação é o "outro", e enquanto objeto, "esse outro" é limitado, pois nunca vai dar conta de proporcionar uma satisfação total. Pode-se, então, afirmar que a satisfação é sempre parcial, ela perdura por um tempo e depois há um retorno da pressão (Morris, 2004).

- **Chistes**. Jogo de palavras aparentemente sem sentido, mas que ultrapassa o seu próprio conteúdo. É uma espécie de válvula de escape do inconsciente, que o indivíduo utiliza para dizer, em tom de brincadeira, aquilo que verdadeiramente pensa.

- **Libido**. Energia gerada pelo instinto sexual, fonte original de energia afetiva.

- **Id, Ego e Superego**. Instâncias da personalidade, representam os instintos, a realidade e as regras, respectivamente (veja o **Capítulo 6: Estudo da Personalidade**).

- **Transferência**. É quando um paciente redireciona seus sentimentos, relacionados a outra ou pessoa em sua vida, para o terapeuta. Ou seja, trata-se de uma resposta afetiva transferida, inconscientemente, pelo paciente ao terapeuta. É uma decorrência natural da formação do par analítico. As manifestações de transferência são importantes para o desenrolar do tratamento e requerem uma grande habilidade do terapeuta, no sentido de percebê-las e transformá-las em benefício para o paciente. Elas costumam viabilizar importantes revelações para a elaboração de um diagnóstico (D'Andrea, 2006).
  A transferência descreve o processo em que os pacientes inconscientemente atribuem a seus médicos (ou outros profissionais da saúde) certos aspectos de relacionamentos passados importantes,

especialmente com seus pais. Um paciente pode considerar o médico frio, rígido, crítico, ameaçador, carinhoso ou estimulante, não por causa de algo que este disse ou fez, mas porque essa foi a sua experiência no passado, com alguém que, por algum motivo, lembre esse profissional. A transferência pode ser positiva ou negativa e pode alternar (às vezes abruptamente) entre os dois tipos (Sadock, 2007).

- **Contratransferência**. É a resposta afetiva dada pelo terapeuta ao paciente. Também é normal, e até saudável, nas suas devidas proporções. Entretanto, isso não deve representar a quebra dos limites da relação terapeuta/paciente, restrita ao consultório (D'Andrea, 2006).

  A contratransferência ocorre quando os médicos (ou outros profissionais da saúde) atribuem, inconscientemente, aos pacientes motivos e características que vêm de seus relacionamentos passados. Esta pode assumir a forma de sentimentos negativos e perturbadores, mas também pode abranger reações desproporcionalmente positivas, idealizadas e até erotizadas. Assim como os pacientes têm expectativas em relação aos médicos, por exemplo: de competência, objetividade, conforto e alívio, esses médicos muitas vezes também têm expectativas inconscientes ou ocultas em relação aos pacientes (Sadock, 2007).

- **Catarse**. Refere-se à "purificação", ou expulsão de sentimentos. A função do terapeuta, com efeito, é conseguir trazer à tona certos sentimentos traumáticos que interferem na estabilidade emocional do paciente.

- **Livre-associação**. É um método psicanalítico por excelência. Consiste em associar de maneira livre (mas não arbitrária) as ideias perceptíveis no discurso do paciente. Ou seja, a partir da difusa linguagem do paciente, o terapeuta deve correlacionar as ideias, analisando-as, adaptando-as, interpretando-as, desprendendo o que for aproveitável para o tratamento. É por meio da livre-associação que o terapeuta pode encontrar possibilidades de diagnóstico, para só então decidir que caminho trilhar no decorrer do tratamento.

- **O par analítico**. Forma-se quando se dá a confiança total e irrestrita no terapeuta. A partir daí, começa efetivamente o tratamento, na medida em que o paciente passa a fornecer ao analista todos os subsídios para um futuro diagnóstico com alguma precisão. Ressalte-se que a formação adequada do par analítico reduz sensivelmente a intensidade da resistência, muito comum na terapia. A confiança total no terapeuta faz com que, mesmo resistindo, o paciente, em dado momento, mediante as técnicas adequadas, revele conteúdos traumáticos, o que não o faria em hipótese alguma numa situação normal de vida.

- **Fases oral, anal e fálica**. Segundo Freud, elas representam as três fases de desenvolvimento da sexualidade infantil, que antecedem o período de latência. As nomenclaturas simbolizam a fixação em atividades ligadas, respectivamente, à boca, como chupar o dedo; ao ânus, como a atividade de excreção; e ao falo, como o pênis e o clitóris (veja o **Capítulo 8: A criança**).

- **Complexo de Édipo**. Para Freud, os pais representam o primeiro objeto sexual na estrutura afetiva do indivíduo. O enlaçamento carnal com a mãe se traduz numa forte fixação do filho, no que se refere ao sentimento de posse, o que implica, nas meninas, uma espécie de homossexualidade inicial, a qual tende a perder força na última fase de organização libidinal, por volta de 4 a 6 anos. No caso dos meninos, afeição, ternura e apoio da parte da mãe são imprescindíveis ao desenvolvimento da personalidade, o mesmo se podendo dizer das meninas em relação ao pai, principalmente a partir dos 3 anos, quando há o abandono simbólico da paixão pela mãe, elegendo-se a figura masculina como novo objeto de desejo (D'Andrea, 2006).

> O **complexo de Édipo** é uma alusão à tragédia grega de Édipo Rei (que se apaixonou pela própria mãe). Manifesta-se em seu grau positivo, mais intensamente entre os 3 e 4 anos, quando ocorre uma intensificação do processo sexual, experimentando uma cessação no período de latência e retornando de modo mais brando na puberdade. O complexo de Édipo transforma o progenitor de mesmo sexo num rival ferrenho, na disputa pelo amor do progenitor de sexo oposto. Certas fixações edipianas podem levar a distúrbios diversos de ordem sexual.

RESUMINDO

A resistência e a repressão marcam a importante ultrapassagem de um modelo estático do trauma para um **modelo dinâmico**, de jogo de forças. Além disso, marcam igualmente a introdução de outros conceitos básicos em Psicologia, que muito contribui para desvelar os mecanismos inconscientes da mente humana e a sua influência sobre as suas ações e reações no mundo.

Em relação ao cuidado e atendimento do ser humano hospitalizado, quanto mais recursos estiverem disponíveis, melhores serão as possibilidades do profissional da saúde em entender o comportamento do paciente, para que possa agir com mais precisão, auxiliando-o a compreender e lidar com os seus sentimentos para o enfrentamento positivo de seu adoecimento e tratamento.

CAPÍTULO 6

ESTUDO DA PERSONALIDADE

Torna-te aquilo que tu és.
Friedrich Nietzsche (1844-1900)

A personalidade é um tema deveras complexo. Ademais, sabe-se que não há duas personalidades idênticas, assim como não existem duas pessoas idênticas, embora muitas pessoas possuam traços em comum. A personalidade é temporal, ou seja, pertence a uma pessoa que nasce, vive e morre com ela. Não se trata da simples soma de funções vitais, mas sim de uma integração dinâmica cujo resultado se manifesta por meio do comportamento individual frente a estímulos de variada natureza.

Isso posto, a personalidade pode ser descrita como um **conjunto de fatores** considerados fundamentais e que diferenciam os indivíduos. São eles:

- **Constituição.** Conjunto de características morfofisiológicas intrínsecas do indivíduo, inatas e de origem genética (robustez, fragilidade, suscetibilidade e a resistência a doenças etc.).

- **Temperamento.** Forma básica de reação individual aos estímulos em suas tendências afetivas e instintivas fundamentais (expansividade, introversão, emotividade, explosividade etc.)

- **Inteligência.** Capacidade de compreender e organizar ideias, exerce influência crucial sobre o saber, a competência, a tomada de decisões, a resolução de problemas e a aprendizagem, entre outras questões.

- **Caráter.** Conjunto de características psicológicas complexas adquiridas durante o desenvolvimento, incluindo aspectos éticos e morais. Sua formação é influenciada pelos ambientes familiar, social e cultural (coragem, covardia, avareza, generosidade, crueldade, bondade etc.).

Em psicologia, a personalidade inclui vários **sistemas** que se interligam: **físicos, fisiológicos, psíquicos** e **morais**, associando tendências inatas de experiências no curso da sua existência. Portanto, a sua estrutura é essencialmente dinâmica, podendo ser mutável, sem necessariamente ser instável. A Psicanálise, desenvolvida por Freud, introduziu importantes conceitos para a explicação e a interpretação do desenvolvimento afetivo da personalidade e dos mecanismos **psicodinâmicos** presentes nos distúrbios psíquicos (Bastos, 2000).

Os cinco pontos a seguir são centrais e estão implícitos no trabalho da maioria dos teóricos psicodinâmicos:

1. Muito da vida mental é inconsciente e, como resultado, as pessoas podem comportar-se de maneira que elas próprias não entendem.

2. Os processos mentais, tais como emoções, motivações e pensamentos, agem paralelamente e podem, assim, ocasionar sentimentos conflitantes.

3. As primeiras experiências da infância influenciam bastante o desenvolvimento dos padrões estáveis da personalidade que começam a se formar no início da vida do indivíduo.

4. As representações mentais que fazemos de nós mesmos, de outros e de nossos relacionamentos tendem a orientar nossas interações com outras pessoas.

5. O desenvolvimento da personalidade envolve aprender a regular sentimentos sexuais e agressivos, assim como tornar-se socialmente interdependente em vez de dependente.

Morris (2004) aponta o que dizem alguns estudiosos que investigaram e apresentaram suas teorias sobre a formação da personalidade:

- **Sigmund Freud** (1856-1939). Somos dominados por processos que desconhecemos (inconsciente) e a personalidade estrutura-se a partir de três instâncias: **Id, Ego e Superego**. O desenvolvimento da personalidade passa por cinco fases psicossexuais: fase oral, fase anal, fase fálica, período de latência e fase genital. (**Psicanálise**).

- **Alfred Adler** (1870-1937). A personalidade forma-se a partir de motivações positivas inatas e há uma luta pela perfeição pessoal e social. O indivíduo possui um potencial para crescer e mudar, e é responsável pela sua própria vida. (**Psicologia humanista**).

- **Carl Gustav Jung** (1875-1961). O indivíduo possui um inconsciente com uma parte pessoal e outra coletiva: o inconsciente pessoal abrange nossos pensamentos reprimidos, nossas experiências esquecidas e ideias não desenvolvidas. Para Jung, o ser humano move-se constantemente em direção à autorrealização. (**Psicologia analítica**).

- **Jean Piaget** (1896-1980). O ser humano está em processo ativo de contínua interação. Só o conhecimento possibilita ao indivíduo um estado de equilíbrio interno que o capacita a adaptar-se ao meio. (**Psicologia cognitivista**).

- **Erik Erikson** (1902-1994). A qualidade da relação entre pais e filhos é muito importante, uma vez que a família constitui o primeiro contato com a sociedade. O indivíduo passa por diferentes estágios psicossociais, em busca da sua identidade. Erikson estudou os estágios de desenvolvimento de Freud e os ampliou. (**Psicanálise**).

- **Carl Rogers** (1902-1987). Cada organismo nasce com determinadas aptidões, capacidades e potencialidades natas: há uma tendência autorrealizadora. O objetivo da vida é realizar o projeto genético, para tornar-se o melhor que cada um tem a capacidade de ser. (**Psicologia humanista**).

- **Aaron Temkin Beck** (1921-2021). A personalidade se forma a partir de esquemas (estruturas cognitivas) que o indivíduo aprende ao longo de seu desenvolvimento. Mais tarde, essas estruturas influenciam os pensamentos que o indivíduo tem sobre si mesmo, sobre os outros e sobre o mundo. (**Psicologia cognitivo-comportamental**).

6.1 PSICANÁLISE: TRABALHOS INICIAIS

A Psicanálise cresceu em meio ao interesse em saber mais sobre as **doenças nervosas**, colocando fim ao desconhecimento, na época, em relação ao tratamento dessas enfermidades. Inicialmente, a investigação concentrava-se no **sistema fisiológico**, cujo esforço era para localizar nas regiões do cérebro a causa dessas doenças, não havendo nenhuma compreensão do fator psíquico. Reconhecia-se a existência do sofrimento, que era de uma outra ordem ainda ignorada, porém se procurava a solução para esse sofrimento no corpo, no âmbito anatômico. Os processos psicológicos pareciam ocorrer sempre paralelamente aos processos fisiológicos ou biológicos básicos.

Simultaneamente, Freud começou a ter acesso aos processos mentais, por meio da fala dos pacientes, o que possibilitou a descoberta de que eventos passados tinham o poder de interferência sobre a vida desses pacientes. Percebeu, assim, que o inconsciente propriamente dito consistia de processos reprimidos, que exerciam pressão no consciente da mente do sujeito, moldando a sua vida cotidiana. Aos poucos, as investigações começaram a desvendar a dimensão dos conflitos internos, ainda que pairassem muitas dúvidas sobre consciente, inconsciente, repressão e resistência. Assim, por volta de 1920, surgiram os três **constructos psicanalíticos** que constituem, até a atualidade, o modelo dinâmico da estruturação da personalidade, que Freud chamou de **aparelho psíquico: o Id, o Ego e o Superego.**

6.2 O ID, O EGO E O SUPEREGO

O **Id, Ego e Superego** são as instâncias da personalidade que representam **os instintos, a realidade e as regras**, respectivamente. São componentes separados, mas constante em interação. De maneira ideal, o Id, o Ego e o Superego trabalham em harmonia: o **Ego** satisfazendo as necessidades do **Id** de maneira razoável, moral e aprovada pelo **Superego.**

ID

O **Id** é regido pelo princípio do prazer. Considerado o reservatório de energia do indivíduo, constituído pelo conjunto dos impulsos instintivos inatos que motivam os desejos e as relações do indivíduo com o mundo.

- Para o **Id**, não existe proibição, portanto podem estar presentes alguns desejos ou fantasias que sejam mutuamente excludentes dentro da lógica. Exemplo: no sonho podemos voar, pois para o **Id** todas as coisas são possíveis.

- A única dimensão da vivência para o **Id** é o presente. Exemplo: no sonho, a recapitulação de um acidente é vivida como presente. Exemplo: no sonho, a conversa com alguém que já morreu pode acontecer normalmente, como se a pessoa ainda estivesse viva.

EGO

O **Ego** é regido pelo princípio da realidade. É o setor mais organizado e atual da personalidade.

- Domina a capacidade de síntese e lógica, englobando todas as funções do funcionamento mental, percepção, memória, sentimentos e pensamento lógico.

- Serve de intermediário entre o **Id** (desejo) e o **Superego** (regras), bem como a relação destes com a realidade. O **Id** expressa o desejo, independentemente das possibilidades reais de ele ser satisfeito ou não. Diante disso, o **Ego** mobiliza-se para construir uma realidade que satisfaça tal desejo, conforme as regras estabelecidas pelo **Superego**.
Perante a manifestação de um desejo, duas proibições podem se opor: as questões morais, estabelecidas pelo **Superego**, e os impedimentos da realidade objetiva. A seguir, um exemplo esclarecedor, muitas vezes citado pela literatura:

Voar sempre foi um sonho humano!

Como isso ocorre nessas duas situações distintas?

- **Se isso acontece em nossos sonhos:** podemos voar pois não há proibições para o Id.

- **No mundo real:** isso não é possível, logo, o Ego, como instância da realidade, possibilitou ao ser humano desenvolver instrumentos de voo (*avião, helicóptero, Asa Delta etc.*).

- Quando o **Ego** se vê enfraquecido por distúrbios afetivos, a atuação corporal fica prejudicada, rígida e estereotipada, perturbada em suas relações de desempenho. Como exemplo, podemos citar alguns sintomas presentes na histeria: a melancolia, a ansiedade, a compulsão etc.

SUPEREGO

É o responsável pela estruturação interna dos valores morais, ou seja, pela internalização das normas e regras referentes ao que é moralmente proibido e ao que é valorizado e deve ser ativamente buscado, dentro do grupo social em que o indivíduo está inserido. O **superego** se divide em duas partes complementares:

- **(1) Ego ideal.** Corresponde à internalização dos ideais valorizados dentro do grupo cultural, os quais o indivíduo deve ativamente perseguir. Exemplos: a honestidade, a coragem, o desenvolvimento intelectual etc.

- **(2) Consciência moral**. Corresponde à internalização das proibições. É uma face complementar e paralela do **ego ideal**. Se a honestidade é valorizada, a sua transgressão acarretará a punição pelos sentimentos acusatórios provenientes da **consciência moral**.

- O **Superego** é uma estrutura necessária para o desenvolvimento do grupo social. Sem ele seriamos todos delinquentes, respeitando apenas as restrições da força. Alguém que não desenvolve seu **Superego** é um psicopata, ou seja, alguém que, por não ter valores internos, será propenso à delinquência e só se conterá diante de uma restrição punitiva externa: o temor de ser preso, por exemplo.

- Mas se o **Superego** fica exacerbado, tende a imobilizar ou neurotizar o indivíduo. Se os valores que o **ego ideal** apresenta forem muito altos, que o indivíduo jamais possa alcançá-los, o indivíduo permanecerá impotente e ficará imobilizado. Se as proibições forem muito severas, qualquer atitude que fuja aos valores parentais será considerada um grande crime.

Figura 2 – Representação popular sobre a estrutura da personalidade

Fonte: a autora

6.3 CULTURA E PERSONALIDADE

Como acontece a interação entre a cultura e os processos mentais? E de que maneira a cultura e as regras sociais se internalizam em cada indivíduo? Como os processos psicológicos conscientes ou inconscientes estão enraizados na cultura de cada um?

Na medida do possível, devemos tomar conhecimento das características próprias do ambiente cultural em que os seres humanos vivem, para que possamos utilizá-las em nosso trabalho de atendimento ao paciente, da melhor maneira possível a todos os envolvidos.

Inicialmente, esse conhecimento pode iniciar pela compreensão de que as diversas etapas da vida: nascimento, infância, adolescência, idade adulta, velhice e morte têm relação com diversos papéis sociais e passam por ritos de passagem que marcam o caminho de uma etapa de vida para a outra: primeira infância, independência dos pais, concurso vestibular, profissão, casamento, filhos, aposentadoria, entre tantas outras e cada etapa tem o seu grau de relevância específico.

Além das etapas descritas, há que se destacar, igualmente, os indivíduos oriundos de outros países ou regiões, com culturas ou modos de viver específicos, totalmente diferentes daqueles em que nascemos, vivemos e estamos habituados em nosso dia a dia, por exemplo: pessoas de zonas rurais, indígenas, muçulmanos, asiáticos, africanos e tantas outras localidades.

Por conseguinte, indivíduos de diferentes culturas podem manifestar os **mecanismos de defesa do ego**, conforme a sua visão de mundo, não necessariamente iguais ou semelhantes à visão de mundo em que estamos inseridos, mas sempre com o mesmo objetivo: **se proteger diante de acontecimentos e fatos que gerem sofrimento**. Assim, ressalta-se a relevância em se ponderar as possíveis diferenças culturais na escuta do paciente.

A cultura, portanto, influencia a cognição, os sentimentos e a compreensão do indivíduo, bem como a sua conduta em relação ao profissional da saúde, ao diagnóstico e às decisões relacionadas ao tratamento.

6.4 ETNOCENTRISMO... O QUE É ISSO?

Etnocentrismo é uma visão de mundo, com base em **nosso próprio grupo, que é tomado como centro de tudo**, desconsiderando as outras culturas. Todos os outros são vistos e sentidos por meio dos nossos próprios valores, nossos modelos e nossas definições do que é a existência.

Como uma espécie de pano de fundo da questão etnocêntrica, temos a experiência de um choque cultural. De um lado, conhecemos um grupo do "eu", o **nosso grupo**, que come igual, veste igual, gosta de coisas parecidas, passa por problemas semelhantes, acredita nos mesmos deuses, dá significados em comum em relação à vida e age de modo semelhante em sua rotina de vida. Aí, de repente, nos deparamos com um "outro", que pertence ao **grupo diferente**, que, às vezes, nem sequer faz coisas como as nossas, ou quando faz, é de modo que não reconhecemos como possíveis. E, mais grave ainda, esse "outro" também sobrevive à sua maneira, gosta dela, também está no mundo e, ainda que diferente, também existe (Rocha, 1994).

Etnocentrismo é, portanto, um conceito antropológico que ocorre quando um determinado indivíduo, ou grupo de pessoas (que têm os mesmos hábitos e caráter social), discrimina outro, julgando-se melhor, seja pela sua condição social, pelos diferentes hábitos ou manias, ou até mesmo por uma forma diferente de se vestir. **Esta avaliação é, por definição, preconceituosa**, feita a partir de um ponto de vista específico.

6.5 RELATIVIZAÇÃO

Após a discussão acerca do etnocentrismo, é importante mencionar que existem ideias que se contrapõem a tal conceito. Uma das mais importantes é a **relativização**, cuja prática reduz sensivelmente os olhares discordantes entre os seres humanos, promovendo a harmonia, podendo ocorrer em diferentes situações, a saber:

- Quando vemos que as verdades da vida são menos uma questão de essência das coisas e mais uma questão de posição: estamos relativizando.

- Quando o significado de um ato é visto não na sua dimensão absoluta, mas no contexto em que acontece: estamos relativizando.

- Quando compreendemos o "outro" nos seus próprios valores e não nos nossos, estamos relativizando.

Dessa forma, relativizar é não transformar a diferença em hierarquia, em que um é superior e o outro é inferior, mas sim ver essa diferença na sua dimensão de riqueza, exatamente por ser diferente.

6.6 RELATO DE CASO: ETNOCENTRISMO

> Paciente masculino, 34 anos, brasileiro, ensino fundamental, internado no Hospital de Clínicas do Paraná, em Curitiba (PR), pela segunda vez, por recidiva de Hemoglobinúria Paroxística Noturna e para novo transplante de medula óssea.

Quando esteve internado no Hospital de Clínicas em Curitiba pela primeira vez, o tratamento foi bem-sucedido. Teve alta e retornou para a região onde vivia, numa zona rural da Bahia. Na ocasião, teve orientações médicas para continuar o tratamento em casa, com prescrição medicamentosa e recomendação para que **não ficasse exposto ao Sol** durante determinados períodos do dia.

Discurso do paciente. No primeiro encontro que tive com o paciente, ele afirmou: *"Quando eu voltei para a Bahia, eu não segui o que o médico mandou, porque um "médico do Sul" não sabe o que um baiano precisa. Um baiano não pode ficar sem o Sol."*

E prosseguiu: *"No Sul, as pessoas são diferentes dos baianos". "Aqui as pessoas têm muros e lá na Bahia é diferente".* Para ele, as raízes eram muito importantes, assim como o fato de a pessoa pertencer à sua raiz ou não.

O paciente dizia: *"Estar no hospital é ser submetido, 'obrigado' pelo destino".* Em seguida, afirmou que não queria mais falar sobre *"essas coisas de saúde".* Assim, sugeri que ele falasse sobre a sua vida na Bahia e o que ele fazia lá que gostasse. Ele aceitou e começou a falar sobre a sua vida trabalhando com a terra, plantando e colhendo, para vender.

E o paciente continuou: *"A vida no Sul é ruim porque tudo aqui está muito padronizado, e isto é ruim. Aqui todos têm um jeito de ser muito diferente da Bahia. Lá, tudo é mais humilde e simples. Lá tem Sol e calor, aqui faz muito frio. Lá todos são mais alegres, enquanto aqui todos são muito fechados e não falam com ninguém".*

Perguntei, então, como ele se sentia com o clima frio de Curitiba. Ele respondeu que não gostava porque tinha que ficar cheio de roupas, não queria sair e nem falar com ninguém! Preferia ficar em casa vendo televisão, que era mais quente, e disse: *"Com o frio não dá vontade de sair".*

Então, repeti a sua última afirmação sobre as consequências do frio nas pessoas e perguntei como ele achava que os curitibanos se sentiam e reagiam a esse frio. Ele riu e disse: *"Acho que também se sentem assim".* Eu perguntei: assim como? Ele disse: *"Ora, assim, sem vontade de sair e nem de falar com os outros.* Eu perguntei: então, por que você acha que os curitibanos são mais fechados? Ele riu e disse: *"Acho que é por causa do frio...".*

RESUMINDO

Isso posto, entende-se que a visão **etnocentrista** é um mal-entendido sociológico que pode ser ameaçador e prejudicial tanto para o profissional da saúde quanto para o paciente. Trata-se de uma visão distorcida, que pode ocorrer do profissional em relação ao paciente, ou do paciente em relação ao profissional, por diferentes razões.

Por outro lado, a **relativização** permite soluções positivas entre as relações humanas, além de promover uma reflexão de que muitas descobertas científicas no mundo surgiram exatamente a partir das diferenças de ideias entre seres humanos.

Quando o profissional tem o conhecimento prévio em relação a esse assunto, tem a chance de gerenciar adequadamente a situação com o paciente. Entretanto, quando não há esse conhecimento e o etnocentrismo, por ventura, se estabelece na relação entre o profissional da saúde e o paciente, sem que nada seja resolvido, observa-se maior dificuldade na formação do vínculo entre as duas partes, dificultando a adesão ao tratamento por parte do paciente. Nessa relação mal resolvida, pode ficar entendido para o paciente que: *"se o outro é tão diferente de mim, logo, ele pode não saber exatamente o que é bom ou não para mim".*

"A natureza dos homens é a mesma, são os seus hábitos que os mantêm separados".
(Confúcio, 551-479 a.C.)

CAPÍTULO 7

MECANISMOS DE DEFESA DO EGO

É impossível enfrentar a realidade o tempo todo
sem nenhum mecanismo de fuga.
Sigmund Freud (1856-1939)

Chamamos de mecanismos de defesa os diversos tipos de processos psíquicos, cujo objetivo **consiste em afastar um evento gerador de angústia da percepção consciente**. Os mecanismos de defesa são funções do Ego e, **por definição, inconscientes**. Desse modo, podemos inferir que o ego, além de situar-se no consciente, também pode situar-se, em parte, no inconsciente. Alguns dos mecanismos de defesa usados:

- **Repressão (ou recalque)**. A repressão impede que pensamentos dolorosos ou perigosos cheguem à consciência. É o mais importante dos mecanismos de defesa do ego e é utilizado desde os primeiros anos de vida para protegê-lo da angústia originada dos conflitos psíquicos. É um mecanismo de defesa básico e precede a maioria dos outros (D'Andrea, 1980).

- **Negação**. É um dos mais simples e primitivos mecanismos de defesa. Consiste em não perceber, ou não aceitar, algum fato que magoaria o Ego, ou que seria perigoso para ele.
  Exemplo no paciente: a negação pode se manifestar após o diagnóstico de uma doença grave, acompanhada de incredulidade e ansiedade frente à notícia – permite o mínimo de contato com a realidade.

- **Projeção**. Quando nos sentimos maus, ou quando um evento doloroso é de nossa responsabilidade, tendemos a projetá-lo no mundo externo, que a nosso ver assumirá as características daquilo que não podemos ver em nós.
  Exemplo: a mãe que não educa adequadamente seu filho, acarretando-lhe vários problemas, poderá projetar a culpa em todas as situações em envolvem a criança. Se o filho vai mal na escola,

dirá que é por causa da professora, que é ineficiente; se o filho entrar em muitas brigas na escola, dirá que os colegas é que são violentos.

O extremo do funcionamento por mecanismos projetivos é a paranoia, quando o indivíduo tem tanta destrutibilidade interior que é obrigado a projetá-la e, a partir daí, passa a ver todo o mundo como perseguidor (Rappaport, 1981).

- **Racionalização.** Abstraímo-nos das vivências afetivas e, em cima de premissas lógicas, tentamos justificar nossas atitudes. Com isso, tentamos nos provar que somos merecedores do reconhecimento dos outros. A racionalização é um mecanismo típico do neurótico obsessivo.
  Exemplo: a patroa que paga um salário miserável à sua empregada, dirá que paga mal porque o serviço dela é de má qualidade.

- **Formação reativa.** Caracteriza-se por uma atitude ou hábito psicológico com sentido oposto ao desejo recalcado.
  Exemplo: desejos sexuais podem ser transformados em comportamentos extremamente puritanos; ou então, firmar-se numa atitude moralista, ou seja, atuar contrariamente ao que deseja. Há um dito popular que se refere à formação reativa e diz: "quem desdenha quer comprar".

- **Identificação.** O indivíduo internaliza características de alguém valorizado, passando a sentir-se como ele. A identificação é um processo necessário no início de vida, quando a criança está assimilando o mundo. Entretanto, permanecer em identificações impede a aquisição de uma identidade própria.

- **Regressão.** É voltar a níveis anteriores de desenvolvimento, que em geral se caracterizam por respostas menos maduras, diante de uma frustração evolutiva. **Exemplo:** com o nascimento de um irmão menor, a criança mais velha não suporta a frustração de ser passada para segundo plano, então, como defesa, infantiliza-se, volta a usar a chupeta, usa linguagem infantil, urina na cama etc. Assim, volta ao modelo infantil em que se sentia mais feliz **Exemplo no paciente adulto/idoso:** ficar dependente da equipe de saúde, requisitar atenção com frequência, ficar mais sensível e fragilizado, chorar.

- **Deslocamento.** Um impulso ou sentimento é inconscientemente deslocado de um objeto original para um objeto substituto. Por meio do deslocamento, o indivíduo é protegido do sofrimento que resultaria da consciência da real origem de um problema. Seus efeitos podem vir à tona, mas o motivo original é disfarçado. Por exemplo, suportamos o mau humor do chefe e em casa brigamos com os filhos ou chutamos o cachorro.
  Exemplo no paciente: manifestar agressividade com a equipe de saúde (como raiva, inconformismo, ressentimento, irritação), deslocando para o outro a dor (ou culpa) pelo sofrimento psíquico ou físico, em decorrência da doença vivenciada.

- **Sublimação.** É considerado o mecanismo de defesa mais evoluído e é característico do indivíduo normal. Os desejos afetivos, que consideramos sexuais em um sentido amplo, quando não podem ser literalmente realizados, são canalizados pelo Ego para serem satisfeitos em atividades simbolicamente similares e socialmente produtivas.
  Exemplo: os desejos onipotentes de domínio da sociedade podem gerar um bom sociólogo.

7.1 A SEXUALIDADE E LIBIDO

Para a Psicologia, a libido é a fonte original de energia afetiva. Essa energia sofre progressivas organizações durante o desenvolvimento, cada uma das quais amparada por uma organização biológica emergente no período. Assim, dentro dessa abordagem, cada nova organização da libido se baseia numa zona erógena corporal, a qual caracterizará uma **fase de desenvolvimento**.

A libido é, portanto, uma energia voltada para **a obtenção de prazer**. É nesse sentido que a Psicologia a define como **energia sexual**, num sentido amplo, caracterizando cada fase do desenvolvimento infantil como uma etapa **"psicossexual"** de desenvolvimento. A sexualidade, nesse contexto, não é vista pela Psicanálise em seu sentido restrito usual, mas sim pela evolução de todas as ligações afetivas estabelecidas desde o nascimento até a sexualidade genital adulta.

Desse modo, **todo vínculo de prazer é considerado erótico ou sexual**, organizando-se progressivamente em torno de zonas erógenas definidas: as três fases iniciais do desenvolvimento infantil; um período intermediário sem novas organizações; e a fase genital, que serão discutidos no próximo **Capítulo 8**.

7.2 RELATO DE CASO: MECANISMO DE DEFESA DA NEGAÇÃO

Paciente masculino, 25 anos, brasileiro, ensino médio, internado no Hospital da Santa Casa de Misericórdia, em Ponta Grossa (PR).

Este caso comovente é de um jovem que atendemos após a sua hospitalização, em decorrência de um **melanoma maligno** em estado avançado.

Discurso do paciente. Na primeira entrevista, o paciente relatou que um ano antes do atual internamento ele apresentava umas "manchas na pele". Como não desapareciam e pareciam até aumentar, foi ao médico para uma consulta. Após fazer alguns exames, teve o diagnóstico médico de melanoma.

Na sequência, o médico fez uma advertência sobre a necessidade de o jovem iniciar um tratamento o mais rápido possível, tendo em vista a seriedade da doença. O paciente afirmou que ficou chocado diante dessa notícia, pois era um jovem saudável e não tinha nenhum sintoma que justificasse uma doença grave como aquela. Concluiu que o médico só poderia estar errado. Então, voltou para casa e decidiu nada revelar à família. Assim, continuou a vida com suas atividades habituais, trabalhando e saindo com os amigos.

Passado algum tempo, o caso se agravou. O internamento imediato foi inevitável para o tratamento da doença, que já estava em estágio avançado. Nesse caso, infelizmente, o **mecanismo de defesa da negação** utilizado e mantido por um tempo inadequado, além do que se recomenda, ocasionou prejuízos irreversíveis e fatais para esse jovem paciente.

RESUMINDO

Os mecanismos de defesa se desenvolvem com o objetivo ajudar do ego. Eles acontecem em um nível consciente e inconsciente, possibilitando ao indivíduo responder de maneira apropriada aos eventos negativos e traumas.

Quando duram pouco tempo, podem servir de amortecedores temporários, até que o indivíduo aceite, aos poucos, um determinado fato, como a negação diante da morte de algum ente querido; ou de um diagnóstico de doença grave, por exemplo. Mas, em alguns casos de adoecimento, podem trazer desfechos prejudiciais. Contudo, nem sempre esses métodos de evitar o sofrimento funcionam da maneira como deveriam ou são benéficos a longo prazo. Os mecanismos de defesa utilizados de maneira indevida podem causar prejuízos e provocar mais sofrimento com o passar do tempo, daí a importância de que sejam identificados e corrigidos em tempo hábil.

CAPÍTULO 8

A CRIANÇA

Só é possível ensinar uma criança a amar, amando-a.
Johann Goethe (1749-1832)

Os primeiros anos de vida da criança são decisivos na formação da personalidade. A criança passa por uma série de fases psicossexuais, durante as quais as energias do Id, que busca o prazer, ficam concentradas em diferentes áreas do corpo, chamadas de zonas erógenas, com suas respectivas áreas sensíveis ao prazer.

Assim, a criança experimenta um considerável desenvolvimento em **três fases infantis: oral**, **anal** e **fálica**, desde o nascimento até os 5 anos. Em seguida, passa pelo **período de latência**, entre 6 e 10 anos. Depois, na puberdade, desloca-se com intensidade e efervescência para **fase genital**, dos 13 anos em diante:

> **Fase oral (0-1 ano).**
> A zona de erotização é a **boca**
> (Exemplo: chupar o dedo)

Ao nascer, o bebê perde a relação simbiótica pré-natal que possuía com a mãe, e a satisfação plena da vida uterina. Com o corte do cordão, a separação é irreversível, e a criança deve iniciar sua adaptação ao meio. Respirar marca o ponto inicial da independência humana. Perdido o útero, a criança terá de enfrentar o mundo. Construirá progressivamente suas relações afetivas e intelectuais (Rappaport, 1981).

Ao nascimento, a estrutura sensorial mais desenvolvida é a boca. É pela boca que se mobilizará na luta pela preservação do equilíbrio homeostático. É pela boca que começará a provar e a conhecer o mundo. É pela boca que fará a sua primeira e mais importante descoberta afetiva: o seio. O seio é o primeiro objeto de ligação infantil. É o depositário de seus primeiros amores e ódios.

Nesse momento, a libido está organizada em torno da zona oral. Como já vimos, o conceito de fase pressupõe a organização da libido em torno de uma zona erógena, dando uma modalidade de relação com o objeto.

> **Fase anal (2-3 anos).**
>
> A zona de erotização é o **ânus**
>
> (Exemplo: atividade de excreção)

No início do segundo ano de vida, a libido passa da organização oral para a anal. No segundo e terceiro anos de vida, dá-se a maturação do controle muscular na criança, isto é, dá-se a organização psicomotora de base. É o período em que a criança inicia o andar, o falar e em que se estabelece o controle de esfíncteres. A mão sai do simples apalpar as coisas para desenvolver mais precisão na pinça indicador-polegar. Embora ainda com o andar apoiado na ponta dos pés, desequilibrando por vezes, a criança já pode sair para conhecer o mundo de pé, frente a frente, e não mais de baixo para cima, como ocorria na fase oral.

O período é denominado fase anal, porque a libido passa a organizar-se sobre a zona erógena anal. A fantasia básica será ligada aos primeiros produtos, notadamente ao valor simbólico das fezes, cuja produção é da própria criança. Nessa fase, as fezes assumem um lugar na fantasia infantil. São objetos que geram prazer ao serem produzidos, além de promoverem o treino de esfíncteres. As fezes são dadas aos pais como prendas ou recompensas.

> **Fase fálica (4-5 anos).**
>
> **A zona de erotização é o órgão sexual (pênis, clitóris)**
>
> O termo fálico/falo tem origem no latim (*phallus*) e no grego (*phallós*), cujo significado é "pênis".

Por volta dos 3 anos de idade, a libido inicia nova organização. A erotização passa a ser dirigida para os genitais, a criança desenvolve o interesse infantil por eles. A masturbação torna-se frequente e normal e a preocupação com as diferenças sexuais entre meninos e meninas passa a contaminar até a percepção dos objetos (exemplo: "*Mamãe, o ônibus tem pipi?";* ou *"Por que a minha irmãzinha não tem pipi?").* Inicialmente, a criança entende que os homens e o gênero masculino são definidos pela presença do órgão fálico, ao passo que as mulheres são identificadas pela sua ausência.

Interessante perceber que a discriminação sexual não caracteriza a existência de dois genitais, o masculino e o feminino, mas apenas a presença ou ausência de pênis.

No começo desse período, então, a erotização masculina recai normalmente sobre o pênis, enquanto a feminina se manifesta no clitóris, que será fantasiado como sendo um pequeno pênis que ainda crescerá. Surge, assim, a fantasia usual da criança nessa idade em dizer *"que é namorado da mãe e que vai casar com a mãe".*

Desse modo, fica configurado o triângulo amoroso, que Freud denominou de complexo de Édipo, numa referência ao drama "Édipo Rei", de Sófocles (dramaturgo grego, 497–406 a.C.).

Complexo de Édipo. Em torno desse evento, entre outros, ocorre a estruturação da personalidade do indivíduo. Acontece entre os 3 e 5 anos, durante a fase fálica. No complexo de Édipo, a mãe é o objeto de desejo do menino e o pai é o rival que impede o seu acesso ao objeto desejado. O menino, então, procura ser o pai para "ter" a mãe, escolhendo-o como modelo de comportamento, passando a internalizar as regras e as normas sociais representadas e impostas pela autoridade paterna.

Esse processo também ocorre com as meninas, porém com a inversão das figuras de desejo e de identificação, que Freud menciona como o **Édipo feminino**.

> **Período de latência (6-12 anos).**
> Caracteriza-se pelo "intervalo" na evolução da sexualidade e pela canalização das energias sexuais para o desenvolvimento social.

É um período intermediário entre a genitalidade infantil (fase fálica) e a adulta (fase genital). A sexualidade, que permanece reprimida durante esse período, aguarda a eclosão da puberdade para ressurgir. Enquanto a sexualidade permanece dormente, as grandes conquistas da etapa irão situar-se nas realizações intelectuais e na socialização. É por isso que este é o período típico do início da escolaridade formal ou da profissionalização, em todas as culturas do mundo.

Fase genital (13 anos em diante).

O objeto de erotização ou de desejo não está mais no próprio corpo, mas em um objeto externo ao indivíduo: "o outro". Assim, torna-se capaz de definir um vínculo amoroso significativo.

Alcançar a fase genital constitui, para a Psicanálise, atingir o pleno desenvolvimento do adulto normal: amar e trabalhar. Ou seja, é ser o homem que começou a surgir quando a criança perdeu o nirvana intrauterino e vai progressivamente introjetando e elaborando o mundo. As adaptações biológicas e psicológicas foram realizadas. Aprendeu a amar e a competir. Discriminou seu papel sexual. Desenvolveu-se intelectual e socialmente. Agora é a hora das realizações. É capaz de amar num sentido genital amplo.

8.1 A CRIANÇA ATRAVÉS DOS SÉCULOS

A preocupação com o estudo da criança é bastante recente em termos de História da Humanidade. Até uma época relativamente próxima ao século XX, as crianças eram tratadas como adultos em miniatura. Recebiam cuidados especiais apenas em idade precoce. A partir dos 3 a 4 anos participavam das mesmas atividades que os adultos, inclusive orgias, enforcamentos públicos, trabalhavam nos campos e vendiam seus produtos nos mercados, além de serem alvos de todo tipo de atrocidades pelos adultos (Rappaport, 1981).

A partir do século XVII, a Igreja afasta a criança de assuntos ligados ao sexo, apontando os males que essa vivência trazia à formação do caráter e da moral dos indivíduos. Assim, criaram escolas, onde ensinavam religião e moral, além de habilidades como leitura, escrita, aritmética etc.

Desse modo, após milhares de ano de total desconhecimento, o estudo científico da criança iniciou efetivamente no século XX, encontrando uma série de dificuldades para se impor como área realmente séria, científica e útil, do ponto de vista social.

A ciência do comportamento infantil teve início com uma tendência para descrever os comportamentos típicos de cada faixa etária e organizar extensas escalas de desenvolvimento.

Por outro lado, Freud chocava a humanidade no início do século XX com suas descobertas a respeito do desenvolvimento da personalidade da criança e com a constatação de que certos acontecimentos vivenciados na infância eram os determinantes principais de distúrbios de personalidade na idade adulta.

Freud causou um impacto decisivo ao mostrar a importância dos primeiros anos de vida na estruturação da personalidade, determinando o curso do seu desenvolvimento futuro no sentido da saúde mental e da adaptação social adequada ou da patologia.

Surge a **Psicologia do desenvolvimento** (Rappaport, 1981). Uma disciplina básica dentro da Psicologia, a qual permite conhecer e atuar tanto com crianças quanto com os adolescentes e adultos, tais como:

- Oferecer inúmeras opções de aplicação prática, tanto no trabalho profissional dos **psicólogos** (clínicos ou escolares) quanto orientando profissionais de áreas afins.

- Auxiliar o **educador** em sua atuação com crianças de diferentes faixas etárias e nos vários aspectos da personalidade (motores, emocionais, intelectuais etc.), colaborando no estabelecimento de programas escolares e metodologias de ensino adequadas.

- Auxiliar, também, o **assistente social** na orientação das famílias, proporcionando um desenvolvimento saudável de todos os envolvidos.

- Orientar **médicos e profissionais da saúde** em geral, mostrando-lhes os componentes emocionais dos distúrbios físicos e/ou comportamentos emocionais do ser humano diante de determinadas doenças, conforme a fase de desenvolvimento em que se encontram etc.

Enfim, a Psicologia do desenvolvimento tem representado uma abordagem para a compreensão da criança e do adolescente por meio da descrição e exploração das mudanças psicológicas que as crianças sofrem no decorrer do tempo. A área pretende explicar de que maneiras importantes as crianças mudam no decorrer do tempo e como essas mudanças podem ser descritas e compreendidas (Rappaport, 1981).

Nas abordagens mais recentes a respeito do desenvolvimento humano, o estudo abrange um processo que se inicia na concepção e termina com a morte do indivíduo.

8.2 A CRIANÇA, O ADOECIMENTO E A HOSPITALIZAÇÃO

A reação da criança diante de uma doença, seja ela grave ou terminal, é reflexo de alguns fatores relevantes. Inicialmente, podemos citar a idade, o estágio de desenvolvimento em que se encontra, sua estrutura emocional e o entendimento da sua doença. Em seguida, há o desconforto com o tipo de tratamento, seus efeitos colaterais e as limitações impostas.

Diante disso, a criança em seu adoecimento pode manifestar reações de culpa, punição, ansiedade, depressão, tristeza, irritação e tantas outras prejudiciais ao seu estado, a depender da sua estrutura psíquica. Por isso, o apoio psicológico torna-se fundamental para que a criança possa retomar o equilíbrio perdido.

A criança hospitalizada demonstra a aguda capacidade de observação e de captar situações que acontecem ao seu redor, evidenciando que a criança percebe fatos que o adulto tenta deliberadamente ocultar. Nesse aspecto, a incompreensão do adulto e sua falta de respostas aos questionamentos da criança doente provocam mais dor e são causadores de conflitos (Angerami-Camon, 2003).

Assim, quando o adulto mente ou omite más notícias, acredita estar protegendo a criança doente do sofrimento, como se, negando a dor, ela pudesse ser anulada. Assim, quando a equipe de saúde nega ou evita responder os questionamentos da criança doente ou pronunciar palavras como "morte", "piora", "estado grave", temem desencadear a morte do paciente em sua fantasia inconsciente.

Ao contrário, quando há o esclarecimento, de maneira cuidadosa, respeitando as limitações naturais da criança, ela mostra-se imensamente aliviada e mais confiante na equipe de saúde.

8.3 A CRIANÇA E SUAS CONCEPÇÕES SOBRE A MORTE

Durante o adoecimento podem surgir na criança diferentes suposições sobre a morte, conforme a idade em que se encontra. Estudos de diversos autores, apontados por Angeremi-Camon (2003), expõem as seguintes concepções.

- **Antes de 3 anos.** A criança não entende a ideia de morte, preocupando-se somente com a separação – a criança pode vir a sentir saudades, pena, sem atribuir à morte seu caráter definitivo.

- **Dos 3 aos 5 anos.** A morte não é um fator permanente para a criança – é uma separação provisória, uma ausência. Além disso, para ela, é reversível, semelhante ao sono e à separação, porque ela não possui a noção definitiva de causa e efeito.

- **Aos 5 anos.** A criança já fala sobre a imobilidade dos mortos e associa que os mais velhos estão mais próximos de um fim. Mantém aparente ignorância sobre a morte, evidenciando a aceitação de vida na morte.

- **Aos 6 anos.** A criança assume uma nova consciência de morte, apresentando reações afetivas nítidas diante da ideia de falecimento, medo da morte dos pais, relacionando comumente as situações de doença, morte, hospitalização e violência. Contudo, apesar de já se comover com temas que envolvem a questão da morte, ainda não crê que morrerá.

- **Aproximadamente aos 7 anos.** A criança desenvolve a capacidade de julgar e compreender causa e efeito, podendo avaliar as consequências desse fato.

- **Aos 8 anos.** A noção de morte na criança elabora-se gradativamente como um evento irreversível, com referenciais ora mágicos, ora morais ao castigo, ora religiosos. Muitas vezes, nessa idade, a morte é tida como uma punição em vez de algo natural, pois a criança já tem desenvolvida a sensação de culpa e passa a atribuí-la a si mesma.

- **Aos 9 anos.** A criança adentra à fase de operações concretas, na qual surgem as mais importantes estruturas cognitivas. Para a criança dessa idade, a morte acontece com todos e não é necessariamente induzida. A concepção de morte aparece como um processo biológico permanente.

- **A partir dos 10 anos.** A criança desenvolve explicações amplas, gerais, essenciais e lógicas sobre a morte, enfocando a paralisação de órgãos essenciais. Já identifica a morte como parte da vida corporal. A oposição entre vida e morte, nessa idade, torna-se mais radical. A criança já demonstra fazer distinção entre seres animados e inanimados, reconhecendo a morte aos seres animados.

8.4 A FAMÍLIA DIANTE DA DOENÇA E A MORTE DA CRIANÇA

Os pais e a família são elementos altamente representativos do desenvolvimento infantil, no sentido de que a família é a unidade de representação básica da criança.

A família é um dos grupos primários e naturais de nossa sociedade, no qual o ser humano vive e consegue se desenvolver. Na interação familiar, configura-se bem precocemente a personalidade, determinando-se aí as características sociais, étnicas, morais e cívicas dos integrantes da comunidade adulta (Knobel, 1992).

Acrescente-se o fato de que a ocorrência da doença de um filho e a possibilidade de morte causam à família alguns fatores determinantes de **intensa angústia e desorganização psicológica**. Em consequência disso, surge a **desestruturação familiar**, desencadeando forte sofrimento causado pela angústia da possível morte precoce.

Além disso, a família perde sua conexão com o mundo habitual, bem como o controle que exercia em sua estrutura, ocasionado pelas intensas experiências com o tratamento, e mais: pelo temor ao desconhecido, pela necessidade de constantes internações, pelos tratamentos às vezes onerosos, pelo contato obrigatório com diferentes profissionais, pela exposição de sentimentos, pela perda, enfim, do controle do próprio destino. Surgem também sentimentos ameaçadores e condutas de incredulidade, tais como: "Por que isso foi acontecer com meu filho?"; "Aonde foi que eu errei?"; "Ele vai se curar?"; "Posso confiar a vida de meu filho a esses profissionais?".

Nesse processo de profundo sofrimento, a família deve ser compreendida de tal forma que possibilite restabelecimento do equilíbrio entre os seus membros, que sofrem pela doença da criança e pelos conflitos gerados por tal situação.

8.5 A EQUIPE DE SAÚDE E A MORTE DA CRIANÇA

A equipe de saúde que atua junto a crianças doentes e/ou terminais deve se caracterizar **pela capacidade de apoio, compreensão**. Todo programa terapêutico eficaz e humano deve contar com uma equipe interdisciplinar, tendo em conta as múltiplas situações difíceis e ameaçadoras que essas crianças atravessam e as várias adaptações inesperadas que se veem obrigadas a encarar durante os períodos de diagnóstico, tratamento, remissões ou recidivas e durante a fase terminal (Angerami-Camon, 2003).

O enfoque ideal à criança terminal ou gravemente enferma deve partir de um ponto de vista holístico, global e interdisciplinar, entendendo que é impossível considerar esse evento como um processo fisiológico à parte, sem relação com o Ser Doente, com seu ambiente, com a doença que encaminha para a morte, com as intrincadas relações familiares e com o complexo ambiente médico e humano em que é realizado o tratamento (Angerami-Camon, 2003).

Entretanto, a equipe de saúde também evidencia problemas ou conflitos estruturais e hierárquicos na relação com a morte ou com a iminência desta. Nessa medida, as reações expressas podem variar da identificação à criança (denotando o próprio temor à dor e à morte) até reações de afastamento, calcadas numa relação de impotência.

A equipe de saúde, em relação à criança gravemente doente e/ou terminal, pode apresentar reações de culpa pelo sofrimento administrado, impotência, afastamento, bem como agressividade e autoritarismo como defesa.

Portanto, é primordial que o profissional de saúde reveja seus conceitos sobre a existência, vida e morte, para que possa agir na situação de maneira adequada e humanizada, pois se assim não fizer, pode encarar a morte dos pacientes como fracasso, frustração ou impotência. Nesses casos, um suporte interdisciplinar da Psicologia ou da Psiquiatria pode ajudar o profissional da saúde em suas demandas emocionais, como ser humano que é.

RESUMINDO

Em cada fase, o indivíduo deve aprender a resolver certos problemas específicos, originados do próprio crescimento físico e da interação com o meio. A solução dos diferentes problemas, que também depende do tipo de sociedade ou cultura, resulta na passagem de uma fase para outra e na formação de um tipo peculiar de personalidade.

A complexidade no desenvolvimento infantil mostra a importância do estudo científico da criança no equilíbrio de toda e qualquer sociedade. Ademais, compreende-se o lugar que ocupa dentro da família, com afeto e cuidados adequados.

Nesse cenário, a realização de grupos terapêuticos, sob a coordenação de um profissional da área de saúde mental – psicólogo ou psiquiatra –, pode ser um excelente instrumento de alívio a uma equipe para a discussão de casos clínicos, que podem privilegiar o estabelecimento de condutas uniformes e humanizadas, minimizando os sentimentos de culpa advindos da necessidade do tratamento, proporcionando mais tranquilidade e bem-estar a todos os envolvidos nesse contexto: à criança, à família e à equipe de saúde.

CAPÍTULO 9

O ADOLESCENTE

> *O primeiro grande salto para a vida é o nascimento,*
> *o segundo é a adolescência.*
> **Kalina; Grynberg (1999)**

Teoricamente, a construção da adolescência se inicia na infância. Para que esse fenômeno ocorra, é necessário, muitas vezes, que a criança deixe de se relacionar com o mundo externo e volte-se para si mesma, em uma espécie de metamorfose, evidenciadas pelas transformações corporais e psíquicas (Becker, 1994).

Para que a adolescência seja amplamente entendida, é preciso considerar o contexto de sua ocorrência, visto que os padrões culturais englobam um conjunto de modelos comportamentais preestabelecidos. Por exemplo: em sociedades capitalistas há a liberdade de se fazer uso da agressividade, momentos depressivos, questionamentos a respeito de valores que são impostos aos adolescentes que, em síntese, estão em busca de sua identidade. Entretanto, em outras sociedades, ou em outros tempos, devido à construção social da época, o indivíduo, ao se aproximar da adolescência, passava a assumir o papel de adulto, enfrentando ritos de passagem, sem que as crises tivessem espaço para se instalar. Parece, então, oportuna a observação enfática de que a adolescência não é vista como o presente, mas como simples momento de passagem (Kalina; Grynberg, 1999).

O Ministério da Saúde (2015) segue a convenção elaborada pela Organização Mundial da Saúde (OMS), que define a adolescência como um período biopsicossocial, que vai dos 10 aos 19 anos, 11 meses e 29 dias, e a juventude acontece entre 15 e 24 anos. Isso significa que os últimos anos da adolescência se misturam com os primeiros anos da juventude. A adolescência faz parte do processo contínuo de crescimento humano e é marcada por uma fase complexa de mudanças físicas, emocionais e sociais.

No decorrer desse período, ocorrem mudanças biológicas e psicológicas, caracterizadas por alterações que surgem por mudanças próprias da puberdade, influenciadas por fatores hereditários, ambientais, nutricionais e psicológicos, isto é, são aspectos que podem ser considerados como uma ponte, direcionando o ser humano da infância à idade adulta.

Outrossim, sabe-se que por volta dessa idade (10 a 19 anos) explodem as características sexuais, fazendo da adolescência uma fase de novas sensações e experiências antes completamente desconhecidas.

Segundo Erikson (1976), a principal tarefa do adolescente é a **aquisição da identidade do ego (identificações)**, uma fase também chamada de **crise de identidade**, a qual acarreta angústia, passividade e dificuldades de relacionamento. Ela surge a partir de conflitos de valores e identificações dos adolescentes. A adolescência, portanto, é uma fase dentro do processo evolutivo que sucede à infância, incluindo não só a progressiva transformação corporal introduzida pela puberdade e suas repercussões de vida, como também a evolução do desenvolvimento cognitivo e a convivência com infinitas possibilidades intelectuais.

Diante desse processo, o adolescente vivencia uma evolução repleta de **desequilíbrios** e **instabilidades extremas**, e somente quando o mundo adulto compreende e facilita adequadamente a sua tarefa evolutiva, ele poderá desempenhar-se satisfatoriamente, elaborando uma personalidade mais sadia e feliz (Aberastury; Knobel, 1992).

9.1 AS PERDAS INEVITÁVEIS E O LUTO DO ADOLESCENTE

Durante a adolescência, uma questão importante, que tem permeado os estudos, é como auxiliar o adolescente em seu processo de perda da imaturidade e do alcance da maturidade. Para tanto, considera-se a adolescência uma fase de evolução, composta de perdas que, por sua vez, geram **lutos**, os quais o adolescente precisa elaborar. Tais lutos são reações naturais às perdas ocorridas durante o desenvolvimento. Assim, é preciso que o adolescente direcione sua agressividade de maneira adequada, para administrar as perdas naturais dessa fase.

Isso posto, os **lutos do adolescente** referem-se às ideias de perdas reais e simbólicas, elaboradas em tempo de dimensões pessoais. Assim, fases observadas e descritas de negação, ambivalência, agressividade e interiorização são vistas como a manifestação de todo um conjunto de defesas que se manifestam como necessárias para a resolução satisfatória desse período da existência (Aberastury; Knobel, 1992).

1. **O luto pela perda do corpo infantil.** O corpo da criança vai se transformando em corpo adulto. Esse processo é percebido como uma agressão, sobre o qual não tem ingerência nem controle. O adolescente, perplexo e impotente, precisará reformular sua autoimagem em novas modalidades relacionais consigo próprio e com o mundo. O sofrimento pela perda do corpo infantil fará o adolescente atuar de maneira intensa, ou no nível mental ou por meio do exercício da ação. As suas ideias revolucionárias de reformas políticas ou sociais, os seus movimentos em defesa do meio ambiente e da ecologia nada mais são do que expressões de agressividade e protesto frente à frustração de se ver mudando sem ter sido consultado e de assistir impotente às próprias transformações (Aberastury; Knobel, 1992).

2. **Luto pela perda do papel e identidade infantis.** Nessa fase, ele é obrigado a renunciar a dependência e aceitar responsabilidades que muitas vezes desconhece. Durante a infância, os pais podem tudo pela criança, na adolescência, o adolescente tem que aprender por ele mesmo. O adolescente aspira pela autonomia, mas a dependência dos pais ainda é muito necessária, porque ele se sente imaturo. Na tentativa de elaborar o luto pela dependência infantil, o adolescente manipula a afetividade, brigando, questionando, desejando a separação que talvez seja mais fácil, mas não menos dolorosa. Enfrentar os pais é enfrentar o mundo, para conquistar um espaço seu, antes ocupado por eles. Trata-se de uma verdadeira revolução no meio familiar e social, criando um problema de gerações nem sempre bem resolvido (Erikson, 1976).

3. **Luto pela perda dos pais da infância.** Com a conquista do pensamento formal, o adolescente atinge a etapa final de seu desenvolvimento cognitivo. Isso significa que ele constrói a realidade de maneira mais precisa e preenche com hipóteses os espaços e falhas das construções infantis. As figuras parentais agora são vistas a partir de uma realidade menos fantasiosa e podem, muitas vezes, constituir-se em pessoas muito simples. Torna-se difícil para o adolescente abandonar a imagem idealizada dos pais que ele próprio criou; mas, agora, os pais não podem mais funcionar como ídolos e líderes que foram na infância. O luto pelos "pais da infância" se estabelece dolorosamente quando o adolescente descobre que seus pais não são perfeitos como ele acreditava.

4. **O luto pela perda da bissexualidade.** A evolução natural desse processo, que vai do autoerotismo até a heterossexualidade, faz o adolescente reviver todas as etapas de sua sexualidade infantil. Inicialmente, o adolescente vive o amor pleno, porque o seu objeto de amor é ele mesmo. Será preciso percorrer um longo caminho para que a necessidade de ser amado se funda à necessidade de amar, a necessidade de receber se funda à necessidade de dar, de modo a viver uma sexualidade de um amor que transborde na direção do outro, como pessoa humana, com todas as consequências que possam advir. Isso consiste na definição de um papel sexual e no exercício da sexualidade com responsabilidade (Aberastury; Knobel, 1992).

São comuns as manifestações constantes de flutuações do humor e do estado de ânimo, que têm como causa o processo de luto na adolescência, que se expressa permeado pela depressão e ansiedade, substrato natural das alterações de humor dos adolescentes.

Além dos quatro lutos apresentados até aqui, inclui-se outro luto de grande relevância na área da saúde, ocasionado pelo adoecimento do adolescente:

5. **O "luto pela saúde perdida".** Para Fonseca (2010), esse luto caracteriza-se pelo momento em que o adolescente recebe o diagnóstico de uma doença grave e toma conhecimento do doloroso tratamento ao qual deverá submeter-se, percebe a perda de controle sobre si mesmo. Esse luto remete à realidade da perda do corpo saudável e à imposição de ter que enfrentar uma adversidade que ele se recusa a aceitar e com a qual não contava nessa fase da vida. A vivência desse episódio pode gerar a agressividade pela impotência de **ser-aí-no-mundo- -com-saúde**, bem como a angústia pela ameaça de **não-mais- -ser-aí-no-mundo** pela morte, favorecendo o surgimento de sintomas de depressão.

A partir dos distintos lutos vivenciados pelo adolescente no processo de desenvolvimento, acompanhado pelo adoecimento, ele necessita de suporte psicológico para minimizar o sofrimento psíquico, desenvolver habilidades de enfrentamento e melhorar a sua qualidade de vida.

9.2 O ADOLESCENTE E O ADOECIMENTO...

O adolescente que vivencia uma doença grave/crônica passa por uma variedade de emoções negativas que lhe causam estresse e dificuldade em administrá-las (Fonseca, 2010). Durante essa trajetória, o adolescente passa por emoções e situações como:

- Humor deprimido e sintomas de depressão.
- Raiva e agressividade.
- Tristeza, ansiedade, desânimo.
- Interrupção nos planos de vida.
- Mudança na imagem corporal.
- Isolamento social e perda da autoestima.
- Sofrimento e medo da morte.

Com o suporte psicológico ao adolescente nessas condições, as respostas emocionais negativas cedem lugar, gradativamente, a um conjunto de reações positivas, tanto de emoções quanto de comportamento. O jovem passa a se conscientizar da presença da doença em seu organismo e da necessidade do tratamento e, ao mesmo tempo, passa a enxergar a sua vida de uma forma diferente daquela que tinha anteriormente à doença. Nessa nova perspectiva, ocorre uma **ressignificação** da sua vida, passando a valorizar mais a sua família, seus amigos, além de reorganizar seus planos de vida, dando um novo sentido ao seu "existir", ou seja, passa a ter um convívio "saudável" com a doença e melhora a sua qualidade de vida, com emoções positivas que irão fortalecer seu sistema imunológico (Fonseca, 2010).

9.3 RELATO DE CASO: "LUTO PELA SAÚDE PERDIDA" EM UM ADOLESCENTE

Paciente masculino, 13 anos, brasileiro, ensino fundamental, em tratamento regular de quimioterapia. TMO – Hospital de Clínicas do Paraná (Curitiba).

Paciente com diagnóstico de leucemia linfóide aguda. Precisou interromper os estudos em decorrência do tratamento e dos internamentos. Foram três meses difíceis para o adolescente. No primeiro mês, presenciou brigas dos pais sobre separação. No segundo, os pais se separaram e ele ficou internado por 20 dias. No terceiro mês recebeu o diagnóstico da doença. Desde o início, o adolescente estava muito revoltado e relutava em receber o atendimento dos profissionais da saúde. Inicialmente, seu olhar era de muita raiva, ou então, distante, em um ponto distante qualquer.

Semanalmente, sua mãe tinha uma tarefa árdua pela frente: em casa, ele fugia, gritava e se escondia para não ir ao ambulatório. Quando chegava, negava-se a falar com quem quer que fosse. Chorava e gritava, dificultando o trabalho dos profissionais da saúde. Foi somente após o terceiro mês de atendimento psicoterapêutico que ele começou a comunicar-se, entretanto, era um "falar" sem emoção, em um mesmo tom e olhando para baixo. Em decorrência da recusa inicial para falar e até de faltas às consultas, o atendimento do adolescente estendeu-se para além do tempo previsto.

Relato do paciente no início dos atendimentos psicológicos:

"Eu não queria tá aqui! Por que essa doença tinha que dar em mim? Essa é uma doença que devia dar em velho". E continuou: *"Fiquei doente por causa da separação dos meus pais. Eu não queria que eles se separassem. A culpa é deles".*

O adolescente demonstrava revolta no olhar e no comportamento. Quase não sorria. Em alguns momentos, recusava-se a falar, mas logo depois afirmava não querer desistir das sessões de psicoterapia. Nas poucas palavras monossilábicas que emitia, vez por outra, olhava para baixo.

À medida que o tempo foi passando, ele foi se soltando. Nos dois últimos meses de atendimento, dava sinais claros de mudança: sorridente e falante, correndo e brincando pelo ambulatório, ao ponto de ser chamado a atenção pelos funcionários do ambulatório. Mesmo quando falava "mal" da doença ou do tratamento, fazia sempre com bom humor e rindo. De todos os adolescentes atendidos no decorrer da pesquisa, este foi o que apresentou mudanças mais significativas para melhor, em termos de humor, comportamento e bem-estar.

Relato do paciente nos atendimentos psicológicos finais:

"Antes eu não ligava muito pras coisas, hoje eu dou mais valor pra minha mãe e pro meu pai. É, acho que eu mudei um pouco, agora a família é a coisa mais importante na minha vida".

E prosseguiu: *"Eu tô bem agora, não tô mais brigando com os meus irmãos, nem com a minha mãe. E também já brinco com os meus amigos, eu tô feliz. [...] Eu tenho leucemia, mas tô feliz porque também tô fazendo as coisas que eu gosto. [...] Agora vou estudar mais pra ver se eu entendo as coisas, no ano passado eu não fui pra escola porque eu não tava bem".*

Em seguida, afirmou: *"Acho que antes eu tava chato mesmo, agora, depois que eu tive essa doença e fiz o tratamento eu tô melhor, entendo melhor as pessoas, acho que agora eu sou melhor, e também eu sei que tudo vai dar certo (risos)".*

RESUMINDO

A adolescência é uma fase de muitas mudanças físicas e psicológicas, bem como um período de amadurecimento que vai se construindo à medida que o indivíduo consegue a resolução positiva em todas as etapas pelas quais deve passar. Dessa forma, vai traçando o seu caminho e avançando na sua principal tarefa de **aquisição da identidade**, tornando-se apto a assumir o papel de adulto e a desenvolver suas futuras relações familiares, profissionais e sociais.

Por outro lado, quando uma doença grave surge no meio desse caminho, a desestrutura psíquica é quase sempre inevitável. Nesse momento, a Psicologia da saúde tem meios e estratégias para oferecer e ajudar o adolescente a se reorganizar emocionalmente para enfrentar e superar tal crise.

"Não somos nós mesmos, quando a natureza, sendo oprimida, comanda a mente para sofrer com o corpo".
(Shakespeare, Rei Lear)

CAPÍTULO 10

O ADULTO E A MEIA-IDADE

Viver é a coisa mais rara do mundo.
A maioria das pessoas apenas existe.
Oscar Wilde (1854-1900)

As teorias sobre os estágios da vida adulta enfatizam diversos desafios e as mudanças intelectuais e da personalidade que surgem desde o início do desenvolvimento do ser humano, conforme estudamos nos capítulos anteriores. À semelhança de todas as teorias dos estágios, considera-se que os estágios adultos têm uma sequência fixa e são similares para todos os membros de determinada cultura que vivem em uma mesma época específica.

10.1 O ADULTO

Adulto é aquele que passou pela superação do problema da formação de sua identidade, mediante um conjunto de representações, ideias e sentimentos a respeito de si, agindo como sujeito que interage com o mundo físico e social. A partir de então, deve enfrentar, por meio de relacionamentos interpessoais mais amadurecidos, três grandes responsabilidades em relação à sociedade e a si mesmo: **o ajustamento profissional**, **o casamento** e **a paternidade**, ou seja, uma fase de grandes mudanças.

Uma das teorias de estágios mais influentes de toda psicologia desenvolvida por Erikson (1998) diz que todas as pessoas passam por estágios, cada um deles regido pela estrutura fundamental da sociedade humana. Quando um período isolado, um conflito ou uma crise principal surgem, o enfrentamento de cada uma delas, de maneira produtiva, aumenta a saúde mental. Deixar de lidar adequadamente com elas contribui para desajustes posteriores.

Erikson (1998) refere-se a quatro estágios em desenvolvimento, posteriores à infância:

1. Durante a **adolescência**, as pessoas confrontam-se com a necessidade de conceber uma identidade, um senso de quem elas são e o que significam.

2. No **início da vida adulta**, elas lutam com o desafio de construir intimidade, um laço duradouro caracterizado por cuidado, compartilhamento e confiança.

3. Na **meia-idade**, os adultos precisam transpor a ponte entre gerações e **assumir um compromisso significativo com o futuro e a próxima geração**. Se as pessoas permanecem absorvidas em si mesmas, elas estagnam.

4. Finalmente, à medida que a vida se aproxima do fim, os **idosos** precisam fazer as pazes consigo mesmos. Se não conseguirem aceitar o passado como tendo sido digno de valor, eles confrontam a possibilidade de depressão e desespero.

10.2 O ADULTO E O ADOECIMENTO

Hoje, a vida adulta abrange a maior parte do ciclo de vida, nos países modernos. O adulto tem uma história de vida que inclui: **relacionamentos, sexualidade, família, posição de autonomia, responsabilidades sociais** e **carreira profissional**, entretanto, a partir do adoecimento e da hospitalização, depara-se com questões que podem impactar significativamente o seu psiquismo, a saber:

- Interrupção da vida prática (ser o amigo, o funcionário, o profissional liberal etc.).

- Destituição das posições sociais e psíquicas (ser marido, filho, provedor etc.).

- Despersonalização (sensação de apatia e estranhamento em relação a si mesmo).

- Recolhimento libidinal (em relação à vida conjugal, amorosa, social, trabalho etc.).

- Afastamento familiar.

- Perda de referência.

- História de vida e a doença.

Considerando esse contexto, é compreensível o medo da hospitalização que ocorre em quase todos os casos, pois o paciente se percebe indefeso e **incapaz de atuar e decidir sobre si mesmo**, sendo necessário passar essa função a outros, os quais muitas vezes nem lhe transmitem confiança. Nesse momento, então, torna-se necessário **reformular seus valores e conceitos de homem, mundo e relações interpessoais** em suas formas conhecidas.

A pessoa hospitalizada passa a adquirir **novos conceitos existenciais**, diferentes de suas experiências vividas anteriormente, fazendo com que todos seus valores sejam modificados frente à realidade hospitalar e de sua patologia.

Um componente quase sempre presente e que dificulta a adaptação do paciente em sua hospitalização é a dor física decorrente da patologia. Mas, além dessa dor física, existe a dor psicológica relacionada ao medo do que lhe vai acontecer. Assim, com base na dimensão emocional frente à dor, deve-se **favorecer a interpretação dos estados emocionais** com seus aspectos fisiológicos e comportamentais em termos de adaptação e sobrevivência (Simonetti, 2004).

Ao vivenciar uma situação de estresse, o indivíduo desencadeia reações de alarme decorrentes da adaptação perante as mudanças ocorridas por sua internação, sendo estas determinadas em três fases: **reação de alerta, de resistência** e **de exaustão**.

Nessa situação, uma intervenção psicológica contribui para reduzir o sofrimento do paciente provocado pela hospitalização e a psicoterapia pode produzir uma mudança adaptativa para o equilíbrio do paciente frente a seus conflitos. O psicólogo passa a ser fundamental, como sendo o facilitador da comunicação entre soluções de problemas e sua atuação junto à equipe médica e outros profissionais da saúde.

Diante desse cenário, é importante que se consiga detectar os **recursos internos e externos** de que o paciente dispõe para lidar com tais situações de estresse, podendo assim, ajudá-lo, estimulando-o com atividades cognitivas e comportamentais, para a melhora de sua integridade física e psíquica, favorecendo suas relações interpessoais e sua adesão ao tratamento (Simonetti, 2004).

Além do psicólogo, os outros profissionais da saúde em contato com o paciente também podem contribuir para minimizar o seu sofrimento. Lembrando o aforismo hipocrático que diz: **"curar sempre que possível,**

aliviar quase sempre, consolar sempre". Portanto, é preciso não só consolar, mas escutar e compreender o paciente em sua subjetividade em relação à doença, ao tratamento e a tantas incertezas em relação à cura, os quais geram todo o sofrimento.

10.3 A MEIA-IDADE

O conceito de meia-idade é uma construção social e não claramente definido entre os autores. Dessa forma, as linhas divisórias da **meia-i-dade** estão estabelecidas como o período que começa no início dos 40 e termina no início dos 60.

Uma preocupação comum durante a meia-idade é manter a saúde e a aparência jovem. Pessoas de meia-idade frequentemente relatam preocupar-se com o corpo. Tipicamente, elas adotam estratégias protetoras – fazer exercícios, tomar vitaminas, fazer dieta, tingir cabelo, usar cosméticos – para manter a aparência ou o desempenho em algum nível desejável (Davidoff, 2001).

As pessoas de meia-idade podem vivenciar um forte senso de dever para com os próprios pais que, em sua grande maioria, já são idosos, podendo necessitar de ajuda ou serem dependentes. Ao mesmo tempo, são relembradas do próprio envelhecimento. Elas se preocupam com o fato de que ficarão velhas, terão as mesmas doenças dos pais e vão se tornar dependentes dos filhos.

Características da meia-idade

Em homens e mulheres, o período de capacidade reprodutiva declinante é denominado *climatério*. Nas mulheres, o climatério culmina na menopausa.

O caso das mulheres

Durante a menopausa, os ovários param de produzir óvulos e a mens-truação cessa, assim como a capacidade de gerar filhos. Mais ou menos na mesma época, a produção ovariana de hormônios sexuais, *estrógenos* e *progestinas,* é altamente reduzida. Tais mudanças podem começar já no fim dos 20 e normalmente se completam aos 55 anos.

Acredita-se que a quantidade diminuída de estrógeno nas mulheres de meia-idade tenha amplas consequências. Parece ser, pelo menos em parte, responsável pelos altamente desgastantes sintomas físicos que em geral aparecem: calores súbitos (rosto quente, transpiração e calor), perda de cálcio dos ossos, dores de cabeça, dores nas costas enjoo, palpitações do coração, sequidão vaginal (frequentemente torna desconfortável o ato sexual e o ato de urinar), e espasmos do esôfago (às vezes resulta em um "nó na garganta"). Estimativas correntes sugerem que três quartos das mulheres passam por alguns desses desconfortos (Davidoff, 2001).

Às vezes a depressão instala-se em mulheres de meia-idade. Há uma série de possíveis fatores contribuintes: menopausa e níveis declinantes de estrógeno, outros aspectos do processo de envelhecimento, aumento de estresse e propensões individuais à depressão.

Nas mulheres, mais do que nos homens, os dilemas durante o ciclo de vida tendem a se concentrar nas perdas de relacionamento e nas desilusões. O climatério geralmente coincide com a partida dos filhos e a cessação do papel principal de mãe. De modo que a depressão tende a ser mais predominante entre mulheres socializadas para desempenhar unicamente o papel de esposa-mãe e entre aquelas que se veem como pouco mais que atraentes objetos sexuais. Donas de casa de meia-idade têm maior probabilidade de sofrer de depressão do que as mulheres orientadas para a carreira profissional. Entretanto, os estudos atuais são conflitantes; não parece haver diferenças gerais de autoestima entre os dois grupos (Davidoff, 2001).

O caso dos homens

Aparentemente, os homens de meia-idade não passam por situações comparáveis à menopausa. Os níveis de *andrógeno*, o hormônio masculino, declinam muito mais gradativamente do que os níveis de *estrógeno*. E quanto a crises psicológicas? De maneira geral, os homens de meia-idade parecem mais bem ajustados e felizes, assim como os mais jovens e os mais velhos (Davidoff, 2001).

As causas do mal-estar de meia-idade dos homens podem estar no desejo de encontrar um **sentido na vida**, fazendo com que alguns tenham questionamentos como: "Minha vida teve algum valor? Realizei meu potencial? Contribuí com alguma coisa"?

Embora na meia-idade o homem geralmente apoie a busca de realização fora de casa iniciada pela esposa, alguns homens acham as mudanças de papéis confusas e emocionalmente dolorosas. Dividir as tarefas domésticas pode sabotar os sentimentos de masculinidade (Davidoff, 2001).

A depressão, em alguns grupos de homens de meia-idade, está ligada à reorganização do relacionamento conjugal, quando os filhos se tornam adultos.

RESUMINDO

Constatamos que o longo caminho percorrido pelo ser humano, desde o seu início de vida, foi sempre repleto de conquistas ou fracassos. Alguns mais significativos, outros nem tanto. Por conseguinte, na fase adulta, seja homem, mulher ou meia-idade, os questionamentos acerca do seu lugar no mundo, suas posições sociais, familiares e referências de vida podem se manifestar, com maior ou menor intensidade, conforme a estrutura psíquica de cada um.

Assim, o sentido de vida faz parte dos questionamentos da existência humana, conforme discute o neuropsiquiatra Viktor Frankl, em seu conhecido livro *Em Busca de Sentido* (1985). Essa é uma busca constante do ser humano, desde os primórdios.

A Psicologia tem uma longa trajetória dedicada à compreensão desse conceito para a compreensão dos mecanismos de ajustamento e adaptação humana, oferecendo uma contribuição de grande relevância para o estudo do desenvolvimento do adulto nesse momento e da velhice que virá na próxima fase.

CAPÍTULO 11

O IDOSO

Apressa-te a viver e pensa que cada dia é, por si só, uma vida.
Sêneca (4 a.C. – 65 d.C.)

Uma das maiores conquistas da humanidade foi, sem dúvida, o aumento dos anos de vida, além de uma melhoria na saúde da população idosa. Antigamente, chegar à velhice era privilégio de poucas pessoas, hoje é comum, mesmo em países subdesenvolvidos. Entretanto, essa conquista se transformou em um dos grandes desafios para o século XXI.

A Organização Mundial da Saúde (OMS, 2005) considera uma pessoa idosa de acordo com a sua idade cronológica, ou seja, tem início aos 65 anos nos países desenvolvidos, e aos 60 anos nos países em desenvolvimento, incluindo o Brasil. Entretanto, em 2022, no Brasil, o **Estatuto do Idoso** foi alterado, com base na nova expectativa de vida no país, que passou de 71 anos para 76 ano. Então, atualmente no Brasil, para efeitos legais, a classificação de idoso foi elevada de 60 para 65 anos.

Segundo o IBGE (2022), há 32.113.490 idosos no Brasil. Esse número indica que há 80 pessoas idosas para cada 100 crianças de 0 a 14 anos, sendo que as regiões Sul e Sudeste apresentam índices acima desse patamar, com destaque para o Rio Grande do Sul, que registrou 115 idosos para cada 100 crianças, e Rio de janeiro, com 105,9.

A Organização Mundial da Saúde (OMS, 2005) calculou um crescimento de mais de 220% no número de idosos no mundo e tal projeção inclui o Brasil, que ocupará, em 2025, o 5º lugar entre os países com mais de 100 milhões de pessoas, com uma população de idosos que deverá atingir 33,4 milhões.

Todavia, a classificação de um indivíduo como idoso não deve estar limitada à idade cronológica, embora essa ideia seja considerada, de um modo geral, quase como exclusiva nas discussões sobre o envelhecimento. É fundamental levar em conta as idades **(a) biológica, (b) social** e **(c) psicológica** da pessoa, que nem sempre coincidem com a cronológica. Portanto, a diferença entre elas é importante, para que se possa compreender as múltiplas dimensões da velhice, principalmente quando avaliamos o processo de saúde-doença do idoso (Freitas *et al.*, 2012).

1. **Idade biológica**: inclui aspectos associados às modificações físicas e biológicas que acontecem de maneira irreversível, porém de modo diferenciado entre as pessoas de um modo geral – um declínio que ocorre com todos os indivíduos da raça humana, inevitavelmente.

2. **Idade social**: é preciso considerar a desigualdade da sociedade brasileira, com alto índice de pobreza para alguns e uma concentração de renda limitada para poucos, acarretando uma discrepância em aposentadoria, isolamento social e estilo de vida em geral. Certamente, essas realidades tão diferentes podem impactar os indivíduos em seus aspectos biológicos.

3. **Idade psicológica**: relaciona-se às modificações cognitivas e afetivas transcorridas ao longo do tempo – não há um momento em que o declínio psicológico deva obrigatoriamente acontecer, sendo particular a cada um. A idade psicológica não pode reverter ou parar o processo biológico, entretanto, conforme a personalidade da pessoa, pode sofrer maior ou menor alteração, a partir do fator biológico e do fator social por ela vivenciados.

Além disso, os últimos estudos vêm assinalando cada vez mais a importância da **heterogeneidade da velhice** e do **envelhecimento segundo idade, gênero, condições econômicas, saúde, etnia, tipo de residência**. Enfim, o contexto no qual vivem as pessoas ditas idosas. É a partir dessa teia de condições, comportamentos e conjunturas que criamos nossas representações e significados sobre a velhice. É claro que a experiência pessoal sobre essa etapa da vida está intrinsecamente ligada à experiência de outros, afinal somos seres sociais (Freitas *et al.*, 2012).

O envelhecimento, portanto, é um fenômeno natural, que altera a relação do ser humano com o mundo e com a sua própria história. Então, parece relevante preparar-se antecipadamente para esse momento, para poder viver da melhor maneira possível.

Também é preciso compreender as particularidades do envelhecimento – o que é esperado nesse processo e o que é patológico (SBGG, 2020). Vejamos a diferença entre dois tipos de envelhecimento:

1. **Senescência:** o corpo humano sofre uma série de transformações que atingem todos os órgãos e sistemas, compreende alterações fisiológicas, naturais, que acontecem no decorrer do processo do envelhecimento. As doenças não estão necessariamente incluídas, mas há uma acentuada diminuição progressiva da capacidade de adaptação e da sobrevivência. Trata-se de um processo universal determinado geneticamente para os indivíduos da espécie, motivo pelo qual é também chamado de **envelhecimento normal**. Exemplos: cabelos brancos, queda dos cabelos, perda da flexibilidade da pele, o surgimento de rugas, perda da massa muscular, redução da estatura, perda de memória etc.

2. **Senilidade:** processo de envelhecimento associado a diversas alterações decorrentes de doenças e limitações. Exemplos: diabetes, doenças cardíacas, pulmonares, renais, neurológicas, como Alzheimer e outras que podem afetar a saúde mental. Tais doenças ocorrem por interferências ambientais, por medicamentos e **estilo de vida**, podendo comprometer a funcionalidade e a qualidade de vida da pessoa. Essas alterações **não são normais do envelhecimento**, ou seja, trata-se de um envelhecimento patológico, que necessita de tratamentos específicos. A senilidade pode causar incapacidade funcional, de diferentes formas e em graus variados, insuficiência de órgãos e perda da qualidade de vida. Todavia, é importante destacar que a senilidade não constitui em si mesma uma enfermidade, como afirmam alguns, mas uma sequência natural do ciclo vital que culminará com a morte (D'Andrea, 2006).

Segundo o geriatra Wilson Jacob Filho, da Faculdade de Medicina da Universidade de São Paulo, *"A senescência abrange todas as alterações produzidas no organismo de um ser vivo – seja do reino animal ou vegetal – e que são diretamente relacionadas a sua evolução no tempo, sem nenhum mecanismo de doença reconhecido"*. Se tudo o que um idoso tem como características são cabelos brancos, rugas, mas vitalidade, autonomia e independência, **a senescência está prevalecendo**. Ao contrário, se um indivíduo de 60 anos tem um evento como um AVC (acidente vascular cerebral) com sequelas e já não se move sozinho, apesar da idade pouco avançada, **há um predomínio da senilidade** (SBGG, 2020).

O processo de envelhecimento é variável de indivíduo para indivíduo. Uns já são senis aos 70, enquanto outros conservam sua personalidade parcial ou totalmente íntegra, mantendo-se funcionalmente capazes até serem surpreendidos pela morte, além dos 90 anos, ou mais. Assim, a natureza psicofísica da senilidade é muito controvertida e a maior dificuldade para defini-la consiste em distinguir o envelhecimento normal dos processos mórbidos.

Indiscutivelmente, todos os seres humanos gostariam de chegar à idade avançada apenas com quadros de senescência, que pode acontecer a partir da adoção de **um estilo de vida saudável, ao longo da vida**, ou seja, quando uma pessoa:

a. tem uma alimentação saudável;

b. faz atividade física;

c. realiza papéis sociais e afetivos ao longo da vida;

d. pratica o autocuidado, com prevenção de doenças, vacinação em dia, controle de hipertensão, diabetes e outros problemas crônicos.

Assim, terá maior probabilidade de evitar a senilidade e promover uma senescência saudável.

11.1 A VELHICE INICIAL E A VELHICE AVANÇADA

A Psicologia divide em duas categorias: (a) a **velhice inicial** se refere às pessoas na faixa de 65 a 75 anos, com mudanças pouco significativas; e (b) a **velhice avançada**, que se refere às pessoas na faixa partir dos 75 anos, a qual apresenta alguns novos desafios Davidoff (2001).

Os adultos que chegam a atingir essa idade precisam se preparar para lidar com doenças que podem gerar incapacidade, declínio das capacidades e, mais tarde, a morte, e ao mesmo tempo tirar satisfação da vida. Diferentes publicações discutem e apontam algumas enfermidades e comportamentos observados em idosos.

Quadro 2 – Alguns agravos à saúde e comportamentos em idosos

Doenças crônicas
• Sarcopenia (síndrome da fragilidade)
• Perda de peso
• Diabetes
• Insuficiência cardíaca
• Diminuição da capacidade imunológica

Outras possíveis questões patológicas	
• Depressão x isolamento • Angústia x pânico	• Alzheimer x demência senil • Doenças crônicas e doenças agudas
Caracterização da velhice	
• Declínio global das funções físicas, intelectuais e/ou emocionais • Atrofia muscular • Fragilidade óssea • Desgaste e quebra dos dentes	• Atrofia geral dos tecidos e órgãos • Autoestima rebaixada • Confusão mental • Desorientação • Perda gradativa da memória
Outros comportamentos eventualmente frequentes	
• Solicitação insistente do cuidador • Inatividade ou agressividade • Teimosia • Insônia	• Perda do controle esfincteriano • Diminuição da coordenação motora • Desorientação espacial

Fonte: Davidoff (2001)

Capacidades intelectuais

Nas atuais gerações, ligeiras perdas tendem a aparecer em todas as áreas aos 50 e 60 anos. Aos 70 anos, as gerações contemporâneas exibem desempenho significativamente menor que no passado. Mas o quadro não é tão sombrio quanto parece, por diversos motivos Davidoff (2001):

1. Embora algumas habilidades intelectuais quase sempre deteriorem, outras tendem a persistir ou até mesmo a se expandir.

2. Os declínios das capacidades intelectuais necessárias na vida cotidiana tendem a ser bastante sutis, alguns dos quais podem ser corrigidos.

3. Os idosos exibem muita variabilidade intelectual. De maneira significativa, os resultados de QI permanecem constantes ou até melhoram com o tempo.

Declínios intelectuais são associados à saúde precária e inatividade. O bom nível educacional e renda confortável estão ligados à manutenção de capacidades intelectuais relativamente altas. Pessoas dotadas com essas vantagens são particularmente propensas a ter liberdade para exercitar a mente. As pessoas que usam o cérebro são menos propensas a perder capacidades intelectuais (Freitas *et al.*, 2012).

O lado positivo

Estudos mostram que a linguagem e as aptidões numéricas mantêm-se muito bem na velhice. No que se refere a relembrar conteúdo aprendido naturalmente no decorrer de um longo tempo (por exemplo, habilidades usadas no trabalho), os idosos se sobressaem; tipicamente eles se igualam ou até superam os jovens.

A aprendizagem pode prosseguir na velhice. Os idosos retêm a capacidade de dominar novas informações. Eles são especialmente bons na aprendizagem de conteúdos que sejam de interesse deles.

A melhor notícia de todas é que **o potencial para a solução criativa de problemas permanece intato na velhice** (Freitas *et al.*, 2012).

11.2 A HETEROGENEIDADE DA VELHICE

O processo do envelhecimento é, hoje, objeto de várias pesquisas no mundo. No Brasil, tem deixado de ser apenas uma preocupação da saúde e socioeconômica, tornando-se uma preocupação de várias áreas da ciência pelas necessidades e exigências do mundo que envelhece, considerando-se o meio em que vivem, seja o espaço público ou seu domicílio. Os últimos estudos vêm assinalando cada vez mais a importância da heterogeneidade da velhice e do envelhecimento segundo **idade, gênero, condições econômicas, saúde, etnia, tipo de residência**. Enfim, o contexto no qual vivem as pessoas acima de 60 anos. É a partir dessa teia de condições, comportamentos e conjunturas que criamos nossas representações e significados sobre a velhice. É claro que a experiência pessoal sobre essa etapa da vida está intrinsecamente ligada à experiência de outros, afinal, somos seres sociais (Freitas *et al.*, 2012).

Um estudo com pessoas centenárias no mundo apresenta achados relevantes, visando contribuir para a disseminação de informações sobre esses indivíduos para a comunidade científica. O estudo assinala como resultado que não existe um perfil único de indivíduos centenários, assim como não há receita única para alcançar a longevidade. São muitos os determinantes do envelhecimento saudável, estando entre eles: **genética**,

estilo de vida, condições ambientais, hábitos alimentares, espiritualidade, humor, baixo nível de estresse, suporte familiar, moderação e, sobretudo, atitude positiva diante da vida. Trata-se da heterogeneidade da vida (Kumon *et al.*, 2009).

11.3 A VELHICE BEM-SUCEDIDA

O processo de envelhecimento em todas as suas variáveis tem sido um tema desafiador para a Psicologia como ciência do comportamento e dos fenômenos mentais. Lidar com as transformações naturais dessa fase da vida humana requer o **diálogo multidisciplinar** entre diferentes áreas do saber, expandindo o conhecimento e contribuindo para que o idoso vivencie essa fase com qualidade de vida, que nós podemos chamar de uma velhice bem-sucedida (Papaleo Netto, 2000).

Mas o que significa uma velhice bem-sucedida? Bem, ela pode ser vista como o processo de estar saudável, ativo e com qualidade de vida, levando-se em conta as dimensões física, cognitiva e social. Mas não há um critério preestabelecido para isso, já que antes é preciso considerar as variações culturais em que o idoso está inserido.

Para Neri, Yassuda e Cachioni (2004), uma velhice bem-sucedida e mais saudável está intimamente ligada à manutenção ou à restauração da autonomia e independência, que constituem dois bons indicadores de saúde, principalmente para a população de mais idade e que são definidas como:

  a. **Autonomia.** Capacidade de gerenciar-se, tomar decisões e planejar seus objetivos, estabelecendo suas próprias regras de vida.

  b. **Independência.** Capacidade física e funcional, ou seja, estar apto a realizar suas atividades do dia a dia sozinho, sem a ajuda de terceiros.

11.4 O ADOECIMENTO E A HOSPITALIZAÇÃO

O processo de **adoecimento** costuma desencadear o sentimento de tristeza e muitas contrariedades na vida do idoso, além de comprometer diferentes atividades cotidianas, como o trabalho, as relações interpessoais e questões financeiras. Qualquer indivíduo, jovem, adulto ou idoso tem um conceito específico sobre a doença e seu o tratamento, conforme as suas experiências anteriormente vivenciadas com situações semelhantes e/ou de pessoas de suas relações.

Quanto à **hospitalização** do idoso, o desafio pode ser ainda maior, com possibilidades específicas:

- Diminuição da capacidade funcional, da independência e da autonomia.
- Aumento da fragilidade física.
- Vulnerabilidade emocional pelo afastamento familiar e o isolamento social.
- Dificuldade de adaptação ao ambiente hospitalar.
- Eventual comprometimento cognitivo, muitas vezes fazendo confusões sobre o local (onde está) e o tempo (dia, mês ou ano em que está).
- Sentimento de despersonalização, um sentimento de **não ser ele mesmo**.

Dessa forma, quando o idoso adoece não é apenas sua estrutura física que está suscetível, mas uma série de características e funções, em suas dimensões biológica, psíquica e cultural que entram em cena. Compreender a influência dos aspectos emocionais em situações de doença e de hospitalização pressupõe, antes de tudo, aceitar e compreender a relação intrínseca existente entre tais dimensões.

Os profissionais da saúde

Os profissionais da saúde desempenham importante papel no processo de hospitalização do idoso, auxiliando no enfrentamento de dificuldades, bem como realizando cuidados que preservem seu equilíbrio biopsíquico. Portanto, investigar como o idoso está vivenciando esse momento é fundamental para o atendimento das suas necessidades, resultando em melhor qualidade do cuidado (Caldas; Teixeira, 2012).

Nesse contexto, para promover um atendimento integral, humanizado e centrado na pessoa idosa, é preciso considerar a experiência e as necessidades do idoso diante da hospitalização, em um ambiente seguro e acolhedor, que proporcione as condições necessárias à sua recuperação.

RESUMINDO

O envelhecimento populacional é hoje um fenômeno universal, característico tanto dos países desenvolvidos quanto, de modo crescente, nos países em desenvolvimento. Resta ao ser humano buscar um envelhecimento bem-sucedido, isto é, mantendo sua autonomia e o máximo de independência possível. Quando a autonomia e a independência forem perdidas, o objetivo deve ser o de restaurá-las no mais breve espaço de tempo.

Por outro lado, o adoecimento e a hospitalização, em qualquer indivíduo, tem repercussões no seu estado emocional, já que o afastamento de seu meio, de seu cotidiano, do seu trabalho e de sua família já produzem por si só consequências de vida impactantes.

Por fim, deve-se entender o processo de adoecimento no ser humano fragilizado, de maneira e integral e individualizada, considerando fundamentalmente que o **adoecer orgânico** pode gerar um **adoecer psíquico**. Tal compreensão possibilita um atendimento integrativo, em que todos ganham, os profissionais da saúde envolvidos, o doente e a família do doente.

"Melhor acrescentar vida aos dias que que dias à vida."
Rita Levi-Montalcini (1909-2012)

CAPÍTULO 12

A ANSIEDADE

O homem que sofre antes de ser necessário,
sofre mais do que o necessário.
Sêneca (sec. 4 a.C.)

A ansiedade é um estado emocional natural a todos os seres humanos diante de situações de perigo, estresse ou desafio. É uma reação adaptativa que prepara o indivíduo para lidar com ameaças percebidas. Entretanto, em alguns casos, a ansiedade pode se tornar desproporcional, crônica e afetar negativamente a qualidade de vida.

As situações em que se desencadeiam a reação de ansiedade têm em comum, em geral, a previsão subjetiva de possíveis consequências negativas para o indivíduo. Essa reação supõe uma mobilização de diferentes recursos cognitivos, tais como a atenção, a percepção, a memória, o pensamento, a linguagem etc., de diferentes recursos fisiológicos, como a ativação do sistema nervoso autônomo, a ativação motora, glandular etc., e de diferentes recursos de conduta, como estar alerta, evitação do perigo etc. Tais recursos teriam como objetivo o enfrentamento das possíveis consequências negativas (Cano-Vindel; Tobal, 2000).

A ansiedade e o medo são tão normais quanto comer, dormir e respirar. Visto que necessitamos deles para a sobrevivência, seria perigoso eliminar toda ansiedade e medo da nossa vida.

A ansiedade é compreendida como um **estado emocional** em que a pessoa sente um medo desproporcional e desagradável, direcionado para o futuro. Além disso, causa desconforto no corpo, o qual pode apresentar alterações manifestas (Gentil, 1997). Ansiedade significa não estar no aqui-e-agora.

A ansiedade é uma **reação natural e necessária para a autopreservação**, com um caráter essencialmente adaptativo para o ser humano. Entretanto, quando excessiva, ela pode estar na base de muitos processos que podem levar à doença. Não é um estado normal, mas é uma reação normal, assim como a febre não é um estado normal, mas uma reação normal a uma infecção. As reações de ansiedade normais não precisam ser tratadas por serem naturais e autolimitadas. Os estados de ansiedade anormais, que constituem síndromes de ansiedade, são patológicos e requerem tratamento específico. Os animais também experimentam ansiedade. Neles a **ansiedade prepara para a fuga ou para a luta**, pois estes são os meios de se preservarem (Cano Vindel; Tobal, 2000).

A ansiedade ou o medo, quando estão em um nível elevado, podem interferir na vida cotidiana, na qualidade de vida, afetar os relacionamentos, a pessoa pode se tornar dependente de outros para realizar determinadas atividades. A pessoa vai perdendo a vontade de sair e de se divertir, pois tudo parece difícil, ruim e perigoso. Diante disso, na ansiedade patológica surgem os seguintes **sintomas** (Iamin (2015):

1. **Físicos:** taquicardia, tontura, boca seca, opressão no peito, aperto na garganta, tremores, sudorese, tensão física.

2. **Psíquicos:** medo, apreensão, ansiedade antecipatória e situacional, inquietação, irritação, insegurança.

3. **Comportamentais:** fuga, esquiva, gritos, choro, agressão.

Essas reações que o corpo desenvolve são involuntárias, e aí se inicia o controle dos sintomas sobre a pessoa, fazendo com que ela deixe de fazer o que precisava ou desejava... Mas por que elas surgem?

A ansiedade surge como resposta a uma percepção do indivíduo de que existe uma ameaça externa e ele não tem recursos internos suficientes para enfrentar a situação que lhe parece ameaçadora. Assim, para poder se proteger da ameaça, o corpo ativa:

1. **O sistema nervoso simpático (SNS)**. Aquele que ativa o organismo na hora da percepção de algum perigo ou mesmo em uma situação de estresse ativando os batimentos cardíacos, aumentando a sudorese, dilatando a pupila, aumentando a pressão arterial, entre outros.

2. **O sistema nervoso parassimpático (SNP)**. É o da calmaria, que coloca o coração para diminuir os batimentos cardíacos, diminuir a transpiração/sudorese, baixar a pressão arterial.

Juntos, o simpático e o parassimpático deixam o organismo equilibrado para que seja tomada uma decisão: enfrentar ou fugir (Iamin, 2015).

12.1 TRANSTORNOS DE ANSIEDADE

O excesso de ansiedade pode se traduzir por transtornos de ansiedade. As classificações internacionais da CID-10 (OMS, 1993) e DSM-V (APA, 2014) reconhecem e descrevem as seguintes manifestações clínicas da ansiedade patológica:

- **Ataque de pânico.** Caracteriza-se por crise súbita de sintomas de apreensão, medo intenso ou terror, acompanhados habitualmente de sensação de morte iminente. Aparecem também durante esses ataques sintomas como: palpitações, sudorese, tremores, opressão ou mal-estar torácico, sensação de falta de ar, sufocamento ou asfixia, náusea, vertigem ou desmaio, formigamentos, calafrios ou ondas de calor, medo de morrer, medo de perder o controle, de ficar louco – pode se apresentar com ou sem agorafobia.

- **Agorafobia.** Caracteriza-se pelo aparecimento de ansiedade ou comportamento de evitação de lugares ou situações de onde escapar pode ser difícil ou complicado, ou ainda de onde seja impossível conseguir ajuda no caso de se passar mal.

- **Fobia específica.** Considerado o mais comum dos transtornos de ansiedade. Caracteriza-se pelo medo intenso e desproporcional em relação ao que a pessoa imagina que vai acontecer e/ou objetos específicos temidos irracionalmente, dando lugar a comportamentos de evitação. O fato de imaginar o pior desfecho faz com que a pessoa evite se expor à situação que causa ansiedade e, consequentemente, ela vai se isolando de atividades que lhe proporcionam qualidade de vida.

- **Fobia social** (também conhecida por ansiedade social). Caracteriza-se pela presença de ansiedade clinicamente significativa como resposta a situações sociais ou atuações em público, e também podem dar lugar a comportamentos de evitação. Surge quando a pessoa tem medo ou preocupação de ser julgado, avaliado ou criticado por outras pessoas nos diferentes ambientes sociais nos quais circula, seja no trabalho (medo de falar em uma reunião, ou apresentar algum projeto ou ponto de vista), na faculdade (medo de perguntar ao professor e ser avaliado como "burro" por não saber o assunto), em festas (preocupação de que observem seu comportamento ou sua roupa e o julguem como inadequado).

- **Transtorno obsessivo-compulsivo (TOC)**. Caracteriza-se por obsessões que causam ansiedade e mal-estar significativos, e/ou compulsões, cujo propósito é neutralizar a ansiedade. As **obsessões** são ideias involuntárias, recorrentes, persistentes, absurdas e geralmente desagradáveis que aparecem com grande frequência, sem que a pessoa possa evitá-las. As obsessões são impulsos ou imagens persistentes, intrusivos e inadequados (ex. pensamentos de gritar palavras obscenas dentro da igreja). As **compulsões** são comportamentos repetitivos e frequentes que se realizam em forma de rituais (ex. verificar várias vezes se as portas estão trancadas, ou atos mentais repetidos). Os principais sintomas são: mania de verificação, simetria, organização por cores, dúvidas constantes a respeito de determinados temas, aceleração do pensamento, medo de machucar alguém, imagens sexuais, medo de contaminação. O objetivo das obsessões e das compulsões é diminuir ou evitar a ansiedade.

- **Transtorno por estresse pós-traumático (TEPT)**. A pessoa desenvolve os sintomas após a exposição a um grave estressor/um acontecimento altamente traumático (acidente, desastre natural, assalto, violação, morte súbita de um familiar), envolvendo a experiência pessoal direta de um evento real ou ameaçador que envolve morte, sério ferimento ou outra ameaça à própria integridade física. Pode envolver também o fato de a pessoa ter testemunhado a situação estressora com outra pessoa ou tomar conhecimento de que alguém da família passou por uma situação de risco à integridade física, correndo risco de morte. A pessoa tem medo de voltar ao local onde aconteceu a situação que gerou estresse, tem sonhos de que a situação está se repetindo. Os sintomas devem estar presentes por mais de um mês.

- **Transtorno por estresse agudo**. Caracteriza-se por sintomas parecidos com o transtorno por estresse pós-traumático que ocorrem dentro de um mês depois de um acontecimento altamente traumático. Surgem sintomas dissociativos e outros: a pessoa pode apresentar sentimento de anestesia corporal, ausência de resposta emocional, distanciamento, sentir-se como se estivesse em um sonho, desrealização (a pessoa percebe o mundo como irreal, desconhecido, estranho a ela), despersonalização (quando a pessoa apresenta sintomas de irrealidade em relação a si mesma, como se tivesse acontecido uma ruptura de sua personalidade), pode apresentar apatia ou amnésia. Incapacidade de lembrar aspectos importantes do trauma – causam um prejuízo em nível social e ocupacional. A duração é de dois dias a quatro semanas.

- **Transtorno de ansiedade generalizada (TAG)**. Caracteriza-se pela presença constante de ansiedade e estado de alerta, de preocupações excessivas e persistentes durante pelo menos seis meses. A pessoa sente-se instável e insegura na tomada de decisões, associada à inquietação, fadiga, dificuldade de concentração, irritabilidade, tensão muscular e perturbação do sono. Apresenta superestimação da probabilidade de ocorrer um evento negativo, pensamento catastrófico – uma elevada percepção de perigo e ameaça.

- **Transtorno de ansiedade devido à enfermidade médica geral**. Caracteriza-se por sintomas proeminentes de ansiedade que se consideram secundários a efeitos fisiológicos diretos de uma enfermidade subjacente.

- **Transtorno de ansiedade induzido por sustâncias**. Caracteriza-se por sintomas proeminentes de ansiedade secundários aos efeitos fisiológicos diretos de uma droga, fármaco ou tóxico.

- **Transtorno de ansiedade não especificado**. Existe para caracterizar aqueles transtornos que incluem ansiedade ou evitação fóbica proeminentes, mas não reúnem os critérios diagnósticos dos transtornos de ansiedade já mencionados.

Para avaliação dos transtornos de ansiedade é fundamental que a pessoa faça uma consulta médica com um psiquiatra ou com um psicólogo, que vai avaliar a necessidade ou não de um tratamento medicamentoso. Muitos dos transtornos de ansiedade requerem um acompanhamento com psicofármacos e, aliado a isso, se implementa a terapia cognitivo--comportamento (TCC), com bons resultados.

12.2 A ANSIEDADE E A TERAPIA COGNITIVO-COMPORTAMENTAL (TCC)

Existem várias estratégias eficazes para o gerenciamento da ansiedade. A terapia cognitivo-comportamental (TCC) é uma abordagem amplamente utilizada, que envolve identificar e modificar padrões de pensamento negativos e disfuncionais. Além disso, práticas como meditação, exercícios físicos regulares, técnicas de respiração profunda e relaxamento podem ajudar a reduzir a ansiedade.

Quem sente ansiedade põe o foco nos sintomas fisiológicos (palpitação, tontura, formigamentos etc.) e no mal-estar físico que toma conta do corpo dando a estes sintomas uma evidência imensa. O que a pessoa não sabe é que por trás desses sintomas está o grande responsável por todos eles: seus **pensamentos** (Iamin, 2015).

O que fazer, então? Nessa perspectiva, a **Terapia Cognitivo-Comportamental (TCC)** é considerada uma das abordagens mais eficazes no tratamento da ansiedade.

Quando a pessoa começa a entender e a usar a técnica da TCC, ela dá início a um processo de contato consigo mesma, saindo do automatismo e tomando consciência dos seus pensamentos, sentimentos e comportamentos. A pessoa descobre e entende a maneira como pensa a respeito de si mesma, a forma como pensa sobre as outras pessoas e como interpreta o ambiente do qual faz parte (a situação que vivencia, as pessoas com quem convive, o si mesmo, as relações, como soluciona problemas). Essa interpretação pode ter algumas **distorções cognitivas**, que se referem à maneira como a pessoa interpreta as suas vivências, com interpretações errôneas que afetam a maneira como a pessoa pensa, sente e se comporta, interferindo em sua vida e que deverão ser corrigidas durante o tratamento (Iamin, 2015).

Segundo a teoria da Terapia Cognitivo-Comportamental, diferentes técnicas podem ser utilizadas para todos os transtornos de ansiedade. A seguir, algumas delas, expostas por Iamin (2015) e Wright (2008). Nesse caso, um profissional da Psicologia poderá atuar na condução dos atendimentos ao paciente:

1. **Psicoeducação**. Explicar ao paciente as questões da técnica a ser utilizada, dos sintomas, das dificuldades causadas pelo problema e como será realizado o tratamento. Explicar, também, sobre o transtorno ajuda o paciente a participar ativamente do tratamento.

2. **Respiração e relaxamento**. Técnica que proporciona o bem-estar físico e psíquico da pessoa quando esta enfrenta situações ansiógenas. Ao manter as técnicas de relaxamento e respiração, o organismo vai adquirindo fortalecimento imunológico.

3. **Reestrutura cognitiva**. Esta técnica procura identificar pensamentos automáticos, analisar os erros de lógica: pensamentos são hipóteses e não fatos, portanto, questiona-se o conteúdo desses pensamentos, procura-se evidências que sustentem ou não essa lógica de **catastrofização**, por exemplo: quais as evidências de que esse pensamento é realista? O que de pior poderia acontecer? E se acontecer? E daí? Geralmente o paciente é rígido com ele e tolerante com o outro. Fazer com que ele se torne mais flexível com ele mesmo; **generalização:** a pessoa faz previsões com base numa experiência limitada.

   Esse é um método de intervenção em que se aplica o **questionamento socrático**, fazendo com que a pessoa identifique e modifique seus pensamentos automáticos que causam a desadaptação e os substitua por pensamentos mais funcionais e positivos. A maneira como a pessoa estrutura seus pensamentos, ou seja, o seu modo de pensar, influencia os seus sentimentos, comportamentos e suas reações fisiológicas. Pensamentos automáticos são espontâneos e não estão baseados na reflexão. Pessoas diferentes interpretam de maneira diferente um mesmo evento e isso acontece pelas suas vivências pessoais, pela sua história de vida. Por meio da **reestruturação cognitiva** a pessoa consegue desenvolver o autocontrole, que acontece quando o paciente se conscientiza do seu modo de funcionamento e consegue, a partir de então, produzir modificações.

12.3 DISTORÇÕES COGNITIVAS

As distorções cognitivas são formas de pensar "distorcidas da realidade" padronizadas pelos eventos da vida e que geram grande sofrimento para a pessoa e para aqueles com as quais convive. Tais distorções são expressadas por meio de pensamentos automáticos disfuncionais, considerados erros cognitivos.

Alguns erros cognitivos no adoecimento:

1. **Pensamento dicotômico** (pensamento tudo ou nada). A pessoa vê uma situação em apenas duas categorias em vez de vê-la em várias alternativas. Exemplo: *"Se eu estiver com câncer, vou morrer!"*.

2. **Catastrofização**. A pessoa vê o futuro negativamente sem considerar outros resultados mais prováveis. Exemplo: *"Meu médico não atende o celular, o resultado dos meus exames deve ter sito uma desgraça...".*

3. **Leitura mental**. A pessoa acha que sabe o que os outros estão pensando e não considera outras possibilidades mais prováveis. Exemplo: *"Ele está pensando que eu não sei nada sobre a minha doença!"; "Ele pensa que eu sou um idiota!".*

4. **Personalização**. Ocorre quando a pessoa guarda para si mesma a inteira responsabilidade sobre um evento que não está sob seu controle. Exemplo: *"Eu não cuidei bem do meu filho, por isso ele está no hospital".* Este tipo de distorção cognitiva está embasada na emoção "culpa".

5. **Supergeneralização**. A pessoa tira uma conclusão negativa radical que vai muito além da situação atual. Exemplo: A pessoa vivencia um episódio negativo como uma morte de um amigo (ou parente) por uma determinada doença e estabelece um padrão de pensamento para situações similares: *"Todas as pessoas com essa doença, morrem".*

6. **Vitimização**. A pessoa tende a se sentir vítima e não responsável pelas suas escolhas. Percebe-se sem sorte em vez de perceber as responsabilidades que tem em conduzir a sua própria vida – age culpando os outros por sua má sorte no trabalho, no amor, na saúde ou por qualquer outra dificuldade na vida.

7. **Questionalização**. Quando a pessoa coloca o foco no que poderia ter acontecido de diferente no passado ou no que poderá vir a acontecer no futuro. Esse tipo de erro de pensamento leva a pessoa a culpar-se por uma situação que na verdade ela não poderia ter modificado. Exemplo: *"E se eu não tivesse feito aquela viagem? Eu não teria perdido uma perna no acidente. E agora, se eu viajar novamente?".*

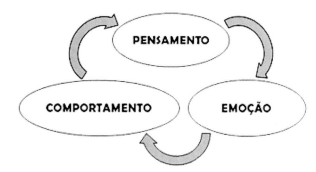

"Mude seus pensamentos e estará mudando seu mundo."
(Norman Vincent Peale)

RESUMINDO

A ansiedade pode se dar sob vários enfoques, do normal ao patológico. Quando patológica, pode interferir diretamente na qualidade de vida e no conforto emocional da pessoa.

E o que acontece quando a ansiedade exacerbada ocorre no paciente hospitalizado? É possível que cause insegurança, apreensão sobre o seu adoecimento, sofrimento e dificuldades de adaptação ao ambiente e ao seu relacionamento diário com os profissionais da saúde.

Estudos indicam uma considerável prevalência de ansiedade em pacientes internados em hospitais gerais e que a intervenção psicológica adequada atinge apenas uma pequena parcela desses pacientes, sugerindo que algo deve ser feito. Assim, reforço o que tenho discutido neste livro: (a) que os profissionais da saúde em contato com os pacientes pratiquem uma escuta acolhedora para compreender e amenizar o sofrimento; (b) pratiquem uma escuta terapêutica que possibilite ao **paciente** falar e explicar a sua situação de **crise**; e (c) enfatizem ao **paciente** que ele não está sozinho e solicitem um atendimento especializado, conforme o caso de cada paciente.

"Nós não sofremos pelas coisas que acontecem, mas sim pela opinião que temos das coisas."
(Epíteto, 55-135 d.C. filósofo grego estoico)

CAPÍTULO 13

O ESTRESSE

*O estresse é o tempero da vida,
ficar completamente livre do estresse é a morte.*
Hans Seyle (1907-1982)

O estresse (físico, psicológico ou social) é um termo que compreende um conjunto de reações e estímulos que causam distúrbios no equilíbrio do organismo, frequentemente com efeitos danosos. Trata-se de um "alerta" do organismo a uma ameaça externa, preparando o indivíduo para reagir ao evento, por meio de luta, fuga etc. Dessa forma, a **função do estresse é preparar o organismo para a luta ou a fuga**. Essa ameaça desencadeia alterações neuro-hormonais, ou seja, o cérebro libera substâncias (hormônios) que irão modificar todo o funcionamento do organismo. O estresse enfraquece o organismo e debilita a pessoa (Mello Filho, 1992).

O conceito de estresse foi apresentado pela primeira vez por Selye[1], que iniciou seus estudos na área em 1936, por meio da psicofisiologia. Para Selye, o organismo, quando exposto a um esforço desencadeado por uma agressão, seja ela que tipo for, apresenta a tendência de responder de maneira particular, uniforme e inespecífica a diferentes agentes, os quais ele chamou de **estressores**, e que teriam efeitos nocivos em quase todos os órgãos, tecidos ou processos metabólicos, fungos etc. De maneira geral, o estresse, seja ele físico ou psicológico, é um termo que abrange um conjunto de reações e estímulos que desequilibram o organismo, causando distúrbios frequentemente danosos.

Inicialmente, ao explicar a teoria do estresse, Selye refere-se à **síndrome geral de adaptação (SGA)** como um processo essencial à vida, uma resposta não específica a um estímulo que segue três estágios, **alarme**, **resistência** e **esgotamento**. O restabelecimento do equilíbrio em um novo nível depende da relação entre essas fases e a intensidade dos estímulos, sabendo que a ausência de estimulação ou estimulação exagerada podem

---

[1] **Hans Selye** (1907-1982), endocrinologista canadense, foi o primeiro a pesquisar seriamente os efeitos do estresse na década de 1930.

provocar danos à saúde. Quando o organismo consegue adaptar-se e resistir ao estresse, o processo é interrompido e, como consequência, a saúde da pessoa é preservada. No entanto, caso essa condição não venha a ocorrer, o estresse avança até as fases mais graves e pode comprometer a habilidade do corpo em permanecer em homeostase (Baptista; Dias, 2010).

13.1 OS TRÊS ESTÁGIOS E OS TIPOS DE ESTRESSE

Primeiro estágio: alarme. O corpo reconhece o estressor e ativa o sistema neuroendócrino, com a liberação de hormônios do estresse (adrenalina, noradrenalina e cortisol), que aceleram os batimentos cardíacos, dilatam as pupilas, aumentam a sudorese e os níveis de açúcar no sangue, reduzem a digestão, entre outras atividades, e causam imunossupressão. Sua função é preparar o organismo para a ação, que pode ser de **luta ou fuga** ao estresse.

Segundo estágio: adaptação. Os danos causados pela reação de alarme são reparados, reduzindo os níveis hormonais. Entretanto, se o estresse continua...

Terceiro estágio: esgotamento (ou exaustão). Surgem doenças (chamadas doenças de adaptação) como a úlcera péptica, a hipertensão arterial, artrites e lesões miocárdicas, entre outras (Mello Filho, 1992).

O mecanismo do estresse é individual, ou seja, uma situação que para uma pessoa pode ser corriqueira, pode ser muito desgastante para outra. Isso acontece pelo fato de que cada ser humano tem um jeito de avaliar e resolver os problemas. Tais avaliações e percepções **têm a ver com a história de vida e estrutura de personalidade de cada um** (Mello Filho, 1992).

Embora Selye tenha estudado o estresse físico, componentes de sua equipe fizeram as primeiras observações sobre o estresse psicológico, relatando **alterações hormonais** em equipes náuticas de competição, nas horas que antecediam as provas. Outros estudos também comprovaram aumento da excreção urinária dos hormônios da suprarrenal em pilotos e instrutores aeronáuticos em voos simulados.

Além de agentes físicos e psíquicos, atualmente dá-se grande importância ao chamado **estresse social**, motivo de contribuições de diversos autores com pesquisas que apontam situações como exposição a ruídos, aglomeração urbana, isolamento, trabalho monótono e repetitivo, ou seja, que corresponde ao modo de viver das grandes metrópoles, como poderosos fatores de doença, principalmente as doenças cardiovasculares (Mello Filho, 1992).

A palavra estresse significa: **estar sob pressão**, ou seja, sob ação de um estímulo persistente. O agente estressor pode ser de natureza psicológica ou física, como um trauma, e estar em contato direto com o organismo.

Os tipos de estresse

1. **Estresse agudo.** Há um estímulo incomum fazendo com que o organismo entre em estado adaptativo rapidamente, tendo como principais mediadores as catecolaminas, que por sua vez ativam de maneira significativa o sistema imune, entre outras alterações fisiológicas. O estresse agudo acontece de maneira rápida, durante apenas minutos ou horas, é caracterizado por um episódio único e isolado (Dhabhar, 2008).

2. **Estresse crônico.** Por mais que haja uma adaptação inicial do organismo ao agente estressor, este se torna comum, levando o organismo a uma fase de esgotamento, quando os hormônios liberados, como o cortisol, possuem ação direta em outros sistemas, como o imune (Bauer, 2002). Ele permanece durante dias, semanas ou meses, são episódios estressantes contínuos e acumulativos. Nesse caso, ocorre a ativação do eixo HHA (Hipotalâmico-Hipofisário-Adrenal) estimulando a liberação de hormônios glicocorticoides, que suprimem o sistema imune, atuando de maneira significativa nos linfócitos T e B e células *Natural Killers* (NK) (Dhabhar, 2008).

O estresse agudo, repetido inúmeras vezes, pode trazer consequências e a mais comum entre elas é a disfunção das defesas imunológicas. É possível afirmar que o organismo humano hoje está muito bem adaptado para lidar com situações de estresse, isso se não ocorrerem com frequência. Quando essa condição se torna repetitiva ou crônica, seus efeitos se multiplicam em cascata, desgastando seriamente o organismo (Bauer, 2002).

O estresse induz a um aumento imediato de cortisol que, além de outras atividades, é responsável pela interação direta com o sistema imunológico. Então, se for possível a comprovação da ligação entre o estresse e o desenvolvimento de patologias, pode-se sugerir que as causas mais comuns no desencadeamento dessas doenças são devido ao mecanismo de adaptação hormonal em resposta ao estímulo estressante não específico. Sendo assim, os estados de estresse são considerados fatores de risco para pacientes com distúrbios imunológicos, pois **aumentam a susceptibilidade a tumores e infecções**, cuja resistência depende da resposta de determinadas células do sistema imune. Por essa razão, também se atribui ao estresse a aceleração do crescimento de neoplasias malignas (Bauer, 2002).

13.2 O IMPACTO DO ESTRESSE SOBRE A SAÚDE

O estresse vem recebendo um grande destaque na área da saúde, sendo rotulado como o grande vilão do século XXI. Essa condição, tão pouco conhecida, serve como estopim para o início de diversos distúrbios no organismo. De acordo com estudos da Associação Internacional de Controle do Estresse (Isma), **o Brasil é o segundo país com maior índice de estresse** (Bittencourt, 2011).

Com o aumento do interesse sobre o estresse como um agente desencadeador de patologias, foi estabelecida uma nova área de estudo conhecida como **Psiconeuroendocrinoimunologia (Pnei)**, que propõe a interação entre os sistemas psíquico, nervoso, endócrino e imune, induzida pelo estresse. A ideia central desse campo de estudo é que os estressores psicossociais diminuem a eficiência do sistema imunológico, o que leva ao aumento de sintomas médicos, aumentando o risco de uma doença (Maia, 2002).

Hoje reconhecido como uma epidemia global pela OMS, acredita-se que o estresse está diretamente relacionado com o crescimento socioeconômico do país onde os empregados possuem maior chance de desenvolver doenças psicossomáticas em relação a indivíduos desempregados. Isso se deve a uma pressão excessiva encontrada em diferentes campos de trabalho, a constante busca pela qualidade do trabalho exercido diante da frequente competição entre os profissionais (Santos; Silva, 2013).

Um levantamento realizado no Brasil em 2009 pelo Centro Psicológico de Controle do Stress mostrou que entre os 3.000 avaliados, 35% já apresentavam comprometimento da saúde. O medo da demissão e a sobrecarga de tarefas foram os fatores mais apontados como estressores pelos entrevistados (Silveira, 2010).

De modo geral, verificou-se que pacientes que apresentam quadro de estresse crônico, independentemente da sua origem, possuem uma redução tanto na população de células T quanto menor atividade das células NK. Outra percepção importante, que foi proposta por estudos, é que, à medida que a desordem emocional é tratada e o paciente passa a se adaptar melhor aos estímulos estressantes, ou estes são interrompidos, os índices celulares normalizam proporcionalmente. Assim, estudos preliminares indicam que **estados de ânimo e emoções positivas estão associados** à **melhor recuperação e aumento da sobrevida de pacientes internados** (Maia, 2002).

13.3 O ESTRESSE E O COMPROMETIMENTO DO SISTEMA IMUNE

O estresse está diretamente associado à liberação de hormônios, que além de alterar diversos estados fisiológicos, possui ação moduladora do sistema de defesa do organismo. O principal hormônio com essa função é o **cortisol** e seus níveis aumentam drasticamente no organismo devido ao estresse. Sabe-se que os glicocorticoides possuem ação supressora do sistema imune, mantendo seus níveis prevalentemente altos em quadros de estresse crônico. Agem inibindo a resposta inflamatória, afetando essencialmente a função dos linfócitos T (Fox, 2007).

A fisiologia da resposta ao estresse e a regulação neuroendócrina

As diversas interações entre o sistema nervoso endócrino e imune são propostas a partir do sistema límbico, que associa as percepções córticocerebrais com o hipotálamo. Este, por sua vez, com a interação hipofisária, orquestra a resposta ao estresse, com auxílio dos chamados neuro-hormônios. O estímulo do sistema endócrino por parte do estresse tem um efeito modulador do sistema imune (Bauer, 2002).

No sistema endócrino, as glândulas suprarrenais são as mais prontamente ativas, sendo responsáveis pela liberação dos **hormônios do estresse: cortisol, adrenalina e noradrenalina**. Esses hormônios preparam o organismo para uma reação combate ao agente estressor causando de maneira geral, um aumento da frequência cardíaca, dilatação das pupilas, aumento da sudorese e aparecimento de hiperglicemia. A digestão é paralisada e o baço se contrai para expulsar mais glóbulos vermelhos com o objetivo de aumentar a oxigenação dos tecidos e em paralelo haverá uma interrupção da resposta imune (imunossupressão) por conta do cortisol (Fox, 2007).

A **regulação hormonal da resposta ao estresse** envolve a participação de diversos hormônios, como o hormônio adrenocorticotrófico (ACTH), a vasopressina, a prolactina, o hormônio somatotrófico (GH) e o hormônio estimulador da tireoide (TSH). Todas essas substâncias atuam sobre o sistema imune, porém o sistema com maior esclarecimento, sendo tradicionalmente estudado, é o eixo HHA (Hipotálamo-Hipófise-Adrenal). O estímulo estressor age diretamente no hormônio liberador de corticotrofina (CRH) hipotalâmico, que, por sua vez, estimula a liberação do ACTH, resultando na elevação dos níveis de cortisol (Mello Filho, 1992).

O hipotálamo recebe informações do meio externo (ex.: luz e temperatura) e do meio interno (ex.: pressão sanguínea e osmolaridade plasmática) e atua nos diversos sistemas com o objetivo de manter a homeostase por meio da integração do organismo com o meio externo. Ou seja, o hipotálamo é o precursor da resposta ao estresse, sendo inicialmente estimulado, liberando o CRH, que passa pelo sistema porta hipotálamo-hipofisário estimulando a secreção do ACTH pela hipófise. Esse hormônio flui pelo sangue até chegar ao córtex da glândula suprarrenal, induzindo a produção e liberação de cortisol; todo esse processo é o chamado eixo HHA. Em contrapartida, o cortisol liberado possui efeito regulatório desse eixo por meio de um feedback negativo (Guyton; Hall, 2006).

13.4 AS CONSEQUÊNCIAS E RESPOSTAS AO ESTRESSE

As consequências e respostas ao estresse para o ser humano são diversas. O sistema imune parece ser o elo que explica as interações entre os fenômenos psicossociais e importantíssimas áreas de patologia humana. Assim, há um aspecto extremamente pessoal da resposta do sujeito ao estresse. Diante de situações semelhantes, cada pessoa poderá reagir de maneira diferente e isso refletirá sempre o modo peculiar de cada um avaliar as situações. Portanto, **o que é estressante para um, pode não ser para outro**.

Dependendo da predisposição orgânica do indivíduo, o estresse pode causar desde **transtornos psicológicos**, como: apatia, ansiedade, raiva, enfraquecimento da memória, tiques nervosos e até **sintomas ou doenças físicas**, como: doenças de autoagressão, infecciosas, neoplásicas e alérgicas, hipertensão, dores de cabeça, dores musculares, insônias, taquicardia, gastrites, úlceras, infarto e mesmo manifestações mentais, como tentativa de suicídio.

Além das implicações fisiológicas, os **problemas emocionais** advindos do estresse incluem alcoolismo, tabagismo, uso de drogas, ansiedade, depressão e doenças psicóticas, só para citar alguns. Os riscos de acidente no trabalho também aumentam (Mello Filho, 1992).

Doenças que podem surgir em resposta ao estresse, com base em estudos, citados por Mello Filho (1992) incluem:

- **Doenças alérgicas.** Entre elas, estão: **(1)** a asma brônquica, doença multifatorial causada por agentes como: alérgenos, pelos de animais, drogas, pólens, pó doméstico, alimentos, exercícios e situações estressantes; **(2)** a urticária, era considerada uma doença essencialmente alérgica, mas o enfoque moderno desse problema aponta para causas alérgicas e não alérgicas no seu desencadeamento – em muitos casos existem conflitos emocionais na gênese e na manutenção dos sintomas da urticária crônica.

- **Doenças infecciosas.** O campo de estudos mais pesquisado em psicoimunologia – relaciona os fatores psicológicos e o estresse com as doenças infecciosas. A manutenção da homeostase do organismo diante dos agentes infecciosos visa a impedir sua multiplicação e formação de colônias, bem como resistência às infecções.

- **Doenças neoplásicas.** Este é o terreno da psicoimunologia que mais se desenvolveu nos últimos anos, provavelmente em razão da própria importância da doença câncer, do sofrimento dela decorrente e das tentativas de, por meio da exploração do psiquismo, descobrir-se uma via mais comum para o entendimento dessas enfermidades, pois na realidade não há um câncer, existem cânceres.

- **Doenças autoimunes.** Fazem parte desse grupo de doenças: artrite reumatoide, poliomiosite-dermatomiosite, lúpus eritematoso, esclerose sistêmica progressiva, miastenia grave, tireoidite (autoimune), colite ulcerativa e outras.

13.5 RELATO DE CASO: REAÇÃO EMOCIONAL AO ESTRESSE EM PACIENTE HOSPITALIZADA

Paciente feminina, 32 anos, brasileira, casada, mãe de um menino de 2 anos, ensino superior completo, hospitalizada em Curitiba (PR), após um diagnóstico de câncer de mama agressivo.

A paciente era graduada em Pedagogia e atuava como professora do ensino infantil, num Colégio Privado em Curitiba (PR). A sua internação no hospital foi realizada com celeridade, pouco tempo após a comunicação do diagnóstico de câncer de mama, em decorrência da gravidade do caso, para a realização de uma mastectomia radical.

A família relatou que a paciente foi muito bem recebida e atendida no hospital. O marido, a mãe e a irmã afirmaram que o médico esteve no quarto e, mais uma vez, explicou o caso de maneira clara e apropriada. Todos os esclarecimentos solicitados pela família foram devidamente realizados pelo profissional.

Depois, segundo a família, ao fim da conversa, o médico perguntou se a paciente tinha mais alguma pergunta a fazer: *ela respondeu que não, enquanto as lágrimas escorriam de seus olhos*. A cirurgia seria realizada na manhã seguinte à entrevista, dada a urgência do procedimento. Logo depois, a paciente recebeu a visita de enfermeiras, para algumas orientações e uma pré-preparação para a cirurgia.

Na manhã seguinte, logo cedo, foram buscá-la para as últimas preparações e para levá-la ao centro cirúrgico. Ao chegar no quarto, não havia acompanhantes e não encontraram a paciente. Voltaram alguns minutos depois e, como a paciente continuava ausente, verificaram no banheiro. Lá estava a paciente, morta. Tinha se enforcado. Um acontecimento aterrorizante, que deve ter ocorrido a partir de um alto nível de estresse nessa paciente, em decorrência de um sentimento de desespero e desamparo pelo seu adoecimento.

Quando uma situação parece não ter saída para a pessoa, sem que ela tenha o suporte psíquico necessário, pode se deixar levar por pensamentos que tirem a sua paz, reduzindo a sua habilidade de pensar com clareza ou racionalidade.

Depois do ocorrido, houve a reflexão de que um olhar preventivo, mais cuidadoso e humano de todos, acerca das reações manifestadas pela paciente, teria possibilitado maiores chances de se evitar o traumático desfecho do caso.

RESUMINDO

Levando-se em conta o assunto apresentado neste capítulo, sabe-se que o estresse pode desencadear uma série de enfermidades, que nos sugerem uma profunda reflexão no decorrer dos atendimentos e contatos com o paciente. Ademais, advertem que os sintomas de estresse podem aparecer em qualquer momento, a depender de quaisquer intercorrências durante a hospitalização e tratamento desse paciente, considerando que as diferentes reações ao estresse podem ocorrer de modo particular e inespecífico.

O alerta feito pela literatura é claro e convincente. Cabe a cada profissional da saúde agir da melhor forma possível diante de tais ocorrências, colocando em prática todos os recursos disponíveis da ciência e da Psicologia em benefício à saúde e ao bem-estar do paciente.

CAPÍTULO 14

A DOR

Todo mundo é capaz de dominar uma dor, exceto quem a sente.
William Shakespeare (1564-1616)

A dor e o medo são provavelmente os mais primitivos sofrimentos do homem, diante dos quais, ao contrário do que ocorria com o frio e a fome, ele ficava totalmente impotente. Apesar de estar presente na humanidade e talvez mais antiga, os mistérios que envolvem a natureza da dor só agora começam a ser desvendados.

A partir da metade do século XIX, a dor começou a ser investigada e discutida em laboratórios. Depois de muitas pesquisas, a teoria da dor **"como sensação"** foi entendida de maneira geral por estudiosos das áreas envolvidas na época, os fisiólogos, os filósofos e também os psicólogos, no começo do século XX (Davidoff, 2001).

Vários pesquisadores no decorrer do século XX também consideraram o componente psicológico ou *reativo* da sensação dolorosa, reconhecendo a **"emoção"** como fator importante na dor, mantendo, entretanto, a dualidade entre sensação e reação emocional.

A dor, embora não seja bem-vinda, desempenha um papel biológico vital. Ela nos alerta sobre os perigos que ameaçam nosso corpo e que requerem ação. Históricos de pessoas que nascem desprovidas de sensibilidade à dor deixam claro que a percepção da dor é necessária ao bem-estar. Privadas de sinal de alerta, essas pessoas podem permanecer em contato com fornos quentes e ignorar sérias quedas e esforços demasiados. Embora o corpo necessite de atenção, elas vão adiante. Como resultado, tendem a morrer cedo (Davidoff, 2001).

14.1 ENTENDENDO A DOR

O entendimento das bases fisiológicas da dor já avançou bastante. Muitos cientistas que estudam os sentidos acreditam que há **terminações nervosas especiais que registram a sensação de dor, chamadas** *noci-*

ceptores ("nocivo" vem da mesma raiz). Os receptores estão localizados na pele, nos tecidos em torno dos músculos, nos órgãos internos, em membranas em torno dos ossos e na córnea. A maioria dos receptores da dor parece responder a vários tipos diferentes de estímulos nocivos. Os localizados na pele, por exemplo, reagem a cortes, queimaduras, substâncias químicas liberadas quando o tecido é lesado e a circulação sanguínea inadequada (Davidoff, 2001).

A resposta mais primitiva à dor ocorre no nível do reflexo. As mensagens sobre dor trafegam até a medula espinhal, que faz a mediação dos reflexos de proteção. Suponha que você pise em uma tachinha:

1. os receptores da pele atingida enviam informações à medula espinhal, que

2. envia uma mensagem de volta aos músculos, que

3. inclinam o calcanhar e retiram o pé.

A retirada do pé ocorre antes mesmo de o receptor notificar o cérebro e antes da tomada de consciência da dor (Davidoff, 2001).

A dor é um sintoma extremamente relevante que acomete pessoas de diferentes faixas etárias e econômicas. Quando em grave intensidade, ela pode gerar problemas de incapacitação, dificultando a realização de atividades diárias, chegando a interferir no estado de humor, nas relações sociais e profissionais. É de grande relevância que uma equipe multiprofissional qualificada e integrada faça parte do tratamento, que realize uma avaliação precisa de cada paciente, contendo **questões de ordem biológica, emocional, sociocultural** e **ambiental** que contribuam para o aumento da sensação de dor (Bastos *et al.*, 2007).

Além disto, **a dor pode ser a expressão de um conflito interior**, que de uma maneira consciente ou não, proporciona angústia ao indivíduo.

14.2 CLASSIFICAÇÃO DA DOR

Dor aguda. É a dor transitória e que todos conhecem, de curta duração (minutos, horas, dias). As causas de dor aguda são geralmente identificáveis e, como regra, agem por meio de um dos seguintes mecanismos: lesão mecânica; irritação química dos tecidos; queimadura; estresse tecidual, como a isquemia; distensão aguda de vísceras ocas ou de vasos sanguíneos; e espasmo de músculos lisos.

Exemplos comuns de dores agudas graves são as que ocorrem no **pós-operatório, nos traumatismos extensos, no infarto agudo do miocárdio, no trabalho de parto, algumas cefaleias, obstruções de vísceras ocas ou canais** e em tantas outras situações da clínica (Mello Filho, 1992).

A resposta emocional básica do indivíduo à dor aguda, na medida em que ela representa um evento ameaçador (ou como tal é interpretado), é a da **ansiedade aguda** e todas as reações físicas que a acompanham. Muitas evidências clínicas mostram a inter-relação entre dor aguda e ansiedade.

É assim que na dor aguda os fenômenos somáticos de ansiedade estão presentes quase de maneira completa, em particular os que dependem da hiperatividade autonômica: tremor, palpitações, sudorese, mal-estar precordial, boca seca, polaciúria e urgência miccional, taquicardia, taquipneia *(aceleração no ritmo respiratório)*, elevação da pressão arterial etc. (Mello Filho, 1992).

A ansiedade que acompanha a dor aguda estaria ligada a diferentes tipos de temores surgidos no enfermo, sua ignorância à causa do problema, a incapacidade de resolvê-lo, o medo sempre presente de que haja alguma doença muito grave (proporcional à intensidade da dor), a possibilidade de que o sofrimento se possa perpetuar. Isso tudo, ao lado das interrogações que pairam quanto ao futuro (trabalho, família etc.) (Mello Filho, 1992).

Dor crônica. É persistente e se caracteriza após quatro ou seis meses de duração contínua. A denominação "dor crônica" abrange muito mais que um sintoma prolongado. Expressa uma situação comum em Medicina, bastante complexa em termos fisiopatológicos, diagnósticos e, mais especialmente, terapêuticos, que muitas vezes põe em xeque o conhecimento e a paciência do médico. Não poucas vezes, os enfermos com dor crônica são despachados de maneira mais ou menos sumária por seus clínicos, cansados com as queixas constantes do paciente que nunca melhoram, quaisquer que sejam os recursos terapêuticos utilizados. Não poucos desses enfermos têm sido submetidos a cirurgias desnecessárias, e sua peregrinação de consultório em consultório constitui uma característica universal (Mello Flho, 1992).

- **Uma pessoa com dor crônica pode demonstrar:** irritabilidade, insônia, depressão mental, preocupação, estresse, desinteresse pelas atividades diárias e diversas alterações psicológicas e de outras ordens, que vão afetar seu cotidiano e suas relações sociais (Bastos *et al.*, 2007).

- **Patologias que podem ser consideradas como dor crônica:** cefaleia, hérnia de disco lombar, lombalgias, reumatismo, fibromialgia e outras.

- **Exemplos de dores crônicas:** (somáticas) das metástases ósseas, das espondilopatias, das artrites; e (viscerais) diferentes tipos de neoplasias (pâncreas, fígado) ou em situações benignas, como o cólon irritável (Mello Filho, 1992).

Impactos emocionais da dor crônica

Assim como a **ansiedade** é o afeto mobilizado na dor aguda, a **depressão** pode surgir como fenômeno secundário na dor crônica orgânica. Mas essa opinião não é aceita por todos os autores: pesquisas indicaram que 56% dos pacientes que incriminaram uma causa somática como precipitante da dor já estavam deprimidos antes do evento físico. Outra pesquisa identificou depressão (discreta e grave) em 85% de pacientes reumatológicos, mas uma boa parte dos enfermos atribuía seu estado a uma causa psicológica e não física (Mello Filho, 1992).

À medida que o tempo passa e a dor crônica persiste, surge no doente uma preocupação constante e crescente com seu corpo e que leva, por vezes, à hipocondria.

14.3 AVALIAÇÃO DA DOR

Avaliar a dor é uma tarefa difícil e complexa, considerando que a sua percepção envolve tanto aspectos **biológicos** quanto **emocionais, socioculturais** e **ambientais**.

Além disso, a interpretação e avaliação do estímulo da dor é uma experiência estritamente subjetiva e pessoal. Por esse motivo, a sensação da dor pode ser alterada por **fatores perceptivos, cognitivos, emocionais** e **comportamentais**, tais como medo, raiva, ansiedade, depressão, aprendizagem, experiências anteriores, crenças, atitudes, conhecimento, significado simbólico da dor e possíveis ganhos secundários de ordem econômica, social e afetiva. Além disso, o "sentir dor" pode ser modulado por **questões psicológicas, sociológicas, culturais** e **espirituais**. Portanto, o tratamento da dor incide não somente no seu alívio, mas principalmente no alívio do **sofrimento** que envolve o sentir dor.

E a dor psicogênica?

Sobre dor psicogênica, há que se considerar dois aspectos importantes, o de paciente propenso à dor e paciente com **alexitimia**.

Paciente propenso à dor. Apresenta alguns traços:

1. Proeminência de culpa.

2. História de sofrimentos frequentes, seguidos de reveses e intolerância ao sucesso.

3. Intensos impulsos agressivos não satisfeitos.

4. Aparecimento de dor diante de uma perda, real ou ameaçada.

Paciente com alexitimia. Apresenta um distúrbio afetivo e cognitivo em que há uma incapacidade de identificar e descrever sentimentos, ou dificuldade em encontrar palavras para descrever suas emoções

O tratamento das dores psicogênicas tem como obstáculo a incapacidade de o paciente aceitar que em sua queixa de dor há participação de fatores emocionais.

Nessa situação, é essencial acreditar que o doente realmente tem dor e que isso deve ser escutado pacientemente, assim, recomenda-se que a entrevista permita ao paciente falar de si próprio, de sua família, de seus relacionamentos, tanto quanto de seus sintomas. Após ser entendido o **homem por detrás do sintoma**, o paciente pode ser encaminhado a um profissional da saúde mental (psiquiatra e/ou psicólogo) ou fazer o tratamento com seu próprio médico clínico.

O encaminhamento deve ser percebido pelo paciente, e pelo médico, como uma atitude normal, que visa ao melhor tratamento. Algumas considerações feitas pelo clínico, mostrando de que forma os fatores emocionais e os acontecimentos da vida podem afetar o corpo e intensificar qualquer tipo de dor, são úteis e ajudam o paciente a aceitar a sugestão.

RESUMINDO

Avaliar a dor é, sem dúvida, uma tarefa de grande responsabilidade, tendo em vista o seu caráter multidimensional. Por essa razão, é relevante a necessidade de profissionais de saúde qualificados, integrados e com experiência no trato com pacientes com dor, pois um bom tratamento com foco na minimização ou eliminação da dor, na reabilitação e no bem-estar do paciente, tem como pressuposto o diagnóstico preciso e o tratamento adequado.

CAPÍTULO 15

EMOÇÕES E REGULAÇÃO EMOCIONAL

> *Uma coisa é o que se sente,*
> *outra coisa é o que se faz com o que se sente.*
> **Daniel Goleman (1995)**

A definição de emoção pode parecer óbvia e simples, uma vez que esse termo é utilizado no cotidiano com frequência. Frases como "nossa viagem foi emocionante", "fiquei emocionado com tal filme", "fulana é tão emotiva" ilustram esse tema. Contudo, a definição de emoção, na ciência psicológica, não tem se mostrado tão simples.

Do ponto de vista psicológico, existem emoções naturais e fisiológicas que aparecem em todas as pessoas com um importante substrato biológico. Entre elas estão a **alegria**, o **medo**, a **ansiedade** ou a **raiva** e outras. Essas emoções, agradáveis ou desagradáveis, nos mobilizam para a atividade e fazem parte da comunicação interpessoal. As emoções, portanto, atuam como poderosos motivadores da conduta humana (Ballone, 2001).

As emoções não são mais compreendidas como uma reação única, mas como um processo que envolve múltiplas variáveis. Nesse sentido, a emoção poderia ser definida como uma condição complexa e momentânea que surge em experiências de caráter afetivo, provocando alterações em várias áreas do funcionamento psicológico e fisiológico, preparando o indivíduo para a ação (Atkinson, 2002).

Levando-se em conta as contribuições de diferentes estudos, é possível compreender esse processo da seguinte maneira: quando uma pessoa se depara com um determinado **evento**, a sua interpretação **(cognição)** atribui um valor a tal evento, que pode ser consciente ou inconsciente. Além disso, a interpretação acontece como um reflexo do seu histórico de vida, das suas experiências individuais e sociais, ou seja, da forma como ela percebe o mundo (Miguel, 2015). Se aquele evento possui valor afetivo, podem ocorrer reações específicas, como:

a. Afetos subjetivos, que se referem à **impressão subjetiva**;

b. Mudanças corporais típicas do sistema nervoso autônomo, que se referem às **alterações fisiológicas**, como a sudorese, a dilatação das pupilas ou a alteração dos batimentos cardíacos e da respiração;

c. Um grupo de reações comportamentais, que se refere ao **comportamento expresso**, que inclui desde expressões faciais, vocais, alterações na postura e até movimentação.

Por exemplo: (1) **todas as três reações podem ocorrer simultaneamente:** ao escutar uma piada e espontaneamente dar risada, o coração acelera e sente-se bem; (2) **apenas duas:** ao escutar os comentários desagradáveis de uma pessoa, alterando-se a respiração e sentindo-se incomodado, porém sem alterar a expressão facial; (3) **apenas uma:** por exemplo, dar um sorriso simples de bom dia; ou (4) **nenhuma:** seria o caso de o evento não ter valor para o indivíduo.

Importante lembrar que, dentro do conjunto das reações, não necessariamente poderá haver coerência entre elas. Por exemplo, diante de comentários que uma pessoa considera insultos, pode haver sentimentos e reações internas típicos da raiva e/ou agressividade, mas ela sorri, gesticula e fala com voz suave, a fim de regular a situação em que se encontra, ou seja, com a **"regulação emocional"**, ela controla as emoções inadequadas que surgem naquele momento, evitando possíveis impactos negativos em seu estado físico, mental e emocional.

15.1 REGULAÇÃO EMOCIONAL

Regulação emocional é a capacidade da pessoa de compreender as próprias emoções, buscando enxergar situações da forma como elas realmente são, sem se deixar ser afetada de maneira negativa e intensa (Leahy; Tirch; Napolitano, 2013).

Em outras palavras, trata-se da habilidade de evitar colocar uma alta carga emocional, principalmente negativa, sobre um evento, pessoa ou circunstância, facilitando a resolução de um problema.

A regulação emocional envolve estratégias de enfrentamento, como confrontação, distanciamento, autocontrole, busca de apoio social, aceitação de responsabilidade, fuga/esquiva, resolução planejada dos problemas e reavaliação positiva.

Por outro lado, existe a **desregulação emocional**, definida como a dificuldade ou inabilidade de lidar com as experiências ou processar as emoções. Manifesta-se como intensificação excessiva ou desativação excessiva das emoções. A falta do equilíbrio emocional leva a pessoa a reagir com mais intensidade a determinadas situações, aumentando o estresse, a depressão, a ansiedade e até mesmo problemas nos relacionamentos (Leahy; Tirch; Napolitano, 2013).

Ademais, quando a desregulação emocional se torna um hábito, pode contribuir para o desenvolvimento ou o agravamento de diversos distúrbios, como transtornos da personalidade, transtornos alimentares e dependência química, podendo ainda provocar outros prejuízos ao organismo, como o desenvolvimento e/ou a manutenção de doenças.

A regulação emocional deve ser desenvolvida na infância. Caso isso não ocorra, vai fazer falta ao longo de todo o ciclo vital da pessoa.

Todavia, a boa notícia é que existem recursos para desenvolver essa habilidade, a qual pode ser desenvolvida em todas as idades. A terapia cognitivo-comportamental (TCC) pode auxiliar o paciente com as estratégias de identificação e compreensão das próprias emoções, para que ele possa enxergar situações da forma como elas realmente são, sem deixar levar por interpretações distorcidas.

Emoções negativas e complicações na saúde

"A tristeza também provoca doenças"
Sófocles (Dramaturgo Grego do Período Clássico)

A **ansiedade**, a **raiva** e a **tristeza** são consideradas as três emoções negativas mais importantes e produzem uma experiência desagradável ao ser humano. Por outro lado, as emoções positivas são aquelas que geram uma experiência agradável, como a **alegria**, a **felicidade** ou o **amor**.

Hoje em dia, há dados suficientes para podermos afirmar que as emoções positivas potencializam a saúde, enquanto as emoções negativas tendem a comprometê-la. Por exemplo, em períodos de estresse, quando as pessoas desenvolvem muitas reações emocionais negativas, é mais provável que surjam certas doenças relacionadas com o sistema imunológico, por exemplo, gripe, herpes, diarreias ou outras infecções ocasionadas por vírus oportunistas. Em contrapartida, o bom humor, o riso e a felicidade ajudam a manter e/ou recuperar a saúde.

Dentro das emoções negativas, uma das reações emocionais que mais se tem estudado é, sem dúvida, a **ansiedade**. Este é um estado emocional reconhecidamente associado a múltiplos transtornos. Uma segunda emoção negativa que está sendo muito estudada é a **raiva**, por sua estreita relação com os transtornos cardiovasculares. Finalmente, a tristeza e sua representação psicopatológica, a depressão, pelo fato de esta ser acompanhada, em geral, de altos níveis de ansiedade (Cano-Vindel; Tobal, 2000).

Ocultar as emoções negativas

Quando a regulação emocional não ocorre, a pessoa experimenta altos níveis de ansiedade. Se isso ocorre durante tempo prolongado, seu bem-estar psicológico fica seriamente prejudicado, seus sistemas fisiológicos podem se alterar por excesso de solicitação, seu sistema imunológico pode ser incapaz de defender seu organismo, seus processos cognitivos podem se prejudicar, provocando uma diminuição do rendimento em diferentes setores. A atividade cognitiva, por exemplo, pode ser muito prejudicada por processos emocionais, notadamente pela ansiedade. Assim sendo, o rendimento intelectual em exames ou em outras situações de avaliação pode ser prejudicado.

Importante salientar que regulação emocional não significa **esconder as emoções**. Há pessoas que se vangloriam, afirmando que sabem como **controlar** as emoções. Mas o fato de não se comportarem de acordo com esses sentimentos negativos não significa, automaticamente, que não estão experimentando as tais emoções negativas. Pode não bastar a essas pessoas "o controle" das manifestações das emoções negativas, pois mesmo controlando as reações de ansiedade, pode haver níveis elevados da ativação fisiológica global, de alterações do sistema nervoso autônomo, de mudanças no sistema imune etc.

As pessoas que se dizem "controladas" podem não estar reconhecendo os estados emocionais negativos que estão experimentando... ou podem estar disfarçando a raiva, a ansiedade, o medo ou a tristeza. As tentativas de livrar-se ou disfarçar tais emoções negativas nem sempre têm êxito, pois algumas pessoas que aparentam uma certa tranquilidade podem estar desenvolvendo uma alta reatividade fisiológica. São pessoas obrigadas, pelo papel social, a dissimular os sentimentos diuturnamente, mas nem por isso significa que não estão, intimamente, experimentando tais emoções (Cano-Vindel; Tobal, 2000).

15.2 TRANSTORNOS PSICOSSOMÁTICOS OU PSICOFISIOLÓGICOS

Acredita-se, atualmente, que os transtornos psicossomáticos ou psicofisiológicos, como algumas dores de cabeça, das costas, algumas arritmias cardíacas, certos tipos de hipertensão arterial, algumas moléstias digestivas, entre tantas outras doenças, podem ser produzidas por uma excessiva ativação das respostas fisiológicas do órgão ou sistema que sofre a lesão ou disfunção (cardiovascular, respiratório etc.). Seria uma espécie de disfunção do órgão ou do sistema orgânico por trabalhar em excesso por muito tempo (Cano-Vindel; Tobal, 2000).

Clinicamente, uma ampla variedade de transtornos psicofisiológicos pode estar associada à ansiedade e ao estresse, entre eles os transtornos cardiovasculares, digestivos, as cefaleias, a síndrome pré-menstrual, a asma, os transtornos dermatológicos, transtornos sexuais, a dependência química, os transtornos da alimentação, debilidade do sistema imune com a redução das células NK (defensoras do sistema inume).

As classificações tradicionais dos transtornos psicofisiológicos incluem as seguintes doenças relacionadas com variáveis psicológicas:

- **Transtornos cardiovasculares:** enfermidade coronariana, hipertensão arterial, arritmias.

- **Transtornos respiratórios:** asma brônquica, síndrome de hiperventilação, rinite alérgica.

- **Transtornos endócrinos:** hiper ou hipotiroidismo, doença de Addison, síndrome de Cushing, alterações das glândulas paratireoides, hipoglicemia, diabetes.

- **Transtornos gastrintestinais:** transtornos esofágicos, dispepsia, úlcera péptica, síndrome do cólon irritável, colite ulcerosa, doença de Crohn.

- **Transtornos dermatológicos:** prurido, hiperidrose, urticária, dermatite atópica, alopecia areata, psoríase, herpes, vitiligo.

- **Dor crônica:** lombalgias, cefaleias, dor pré-menstrual, fibromialgia.

- **Reumatologia:** artrite reumatoide.

- **Transtornos imunológicos:** lúpus, depressão imunológica inespecífica.

As emoções e a imunidade

Atualmente, já se reconhece o papel que as diferentes áreas do funcionamento **cognitivo** e **emocional** podem ter sobre a eficiência do sistema imunológico. Assim, vários estudos discutem e demonstram a implicação de fatores psicológicos ou emocionais no desencadeamento e/ou agravamento de muitas das enfermidades orgânicas. Quanto mais avançam os meios de investigação da patologia, mais se evidencia a relevância dos fatores psicológicos na etiologia e desenvolvimento de um grande número de doenças, até então não consideradas como psicofisiológicas. Ou seja, estressores psicossociais parecem diminuir a eficiência do sistema imunológico, o que leva ao aumento de sintomas médicos (Maia, 2002).

A relação entre estresse e doença tem sido estabelecida desde os primeiros experimentos de Selye em 1936 (veja **Capítulo 13**), sugerindo que os estressores crônicos contribuíam para um estado de exaustão do organismo, pondo em risco o seu equilíbrio. Assim, as respostas que envolvem as ligações entre cérebro, hormônios e sistema imunológico passariam, ao fim de um determinado tempo, a ter dificuldades em lidar com o estresse e as manifestações de doença ocorreriam num grau que poderia conduzir até à morte (Maia, 2002).

Em suma, os resultados de diferentes estudos sobre o efeito excessivo e descontrolado diante de fatores psicológicos, como estresse, depressão, repressão, isolamento e outros, confirmam o efeito já longamente observado dessas condições sobre os problemas físicos, a partir do esgotamento do sistema imunológico.

Diante desse cenário, a terapia cognitivo-comportamental é uma recomendação para reduzir a intensidade de emoções negativas, acelerando o efeito positivo sobre o funcionamento imunológico.

Ademais, o paciente hospitalizado também pode ser beneficiado com a prática da respiração diafragmática e a deambulação por alguns minutos, se o caso assim permitir e o seu médico estiver de acordo.

15.3 FATORES PREDISPONENTES

A relação entre as respostas fisiológicas e os transtornos psicofisiológicos tem sido o ponto de partida de muitas teorias explicativas. Entre as diversas emoções com respostas fisiológicas importantes, destacamos a **ansiedade** e a **raiva**.

Supõe-se, em geral, que para se desenvolver e manter um transtorno psicofisiológico, são necessários dois fatores:

a. **O primeiro fator**. Predisposição individual a experimentar maior reação fisiológica diante da emoção. Significa que essa pessoa tem certa excitabilidade exagerada do sistema nervoso autônomo, bem como endócrino e imunológico.

b. **O segundo fator**. Reação fisiológica intensa e crônica, por exemplo, manter níveis altos de ansiedade ou raiva. Um fator é predominantemente fisiológico e o outro de personalidade.

Estudos sobre as características do perfil de resposta de pessoas com diferentes transtornos psicofisiológicos, como a hipertensão arterial, a asma, a úlcera digestiva, as dores de cabeça, vários tipos de dermatites e outros, indicam que as pessoas que apresentam tais transtornos costumam ter níveis mais altos de ansiedade do que outras pessoas da mesma idade e sexo.

Contudo, é importante destacar que as emoções são reações naturais, universais, que têm uma finalidade adaptativa, mas não obstante, quando demasiadamente intensas e/ou frequentes, essas mesmas reações podem provocar alterações patológicas na saúde.

Hoje, mediante técnicas da terapia cognitivo-comportamental (TCC) e, se necessário, farmacológicas, a psicossomática (veja **Capítulo 16**), tem se interessado em ajudar as pessoas a diminuir sua ativação fisiológica e reduzir o mal-estar psicológico para facilitar uma expressão emocional mais sadia. Com isso, pretende-se melhorar a qualidade de vida e a saúde daqueles que assim precisarem.

RESUMINDO

As emoções têm uma importância fundamental no desenvolvimento pessoal e interpessoal do ser humano, em todos os aspectos. É por meio das emoções que podemos expressar de maneira simples e natural o que sentimos em determinadas situações, sejam elas boas ou ruins.

Além disso, a capacidade que uma pessoa tem de gerenciar as suas emoções de maneira saudável é igualmente primordial na resolução de conflitos e na formação de relacionamentos seguros. E quando isso ocorre no decorrer do adoecimento, a saúde da pessoa tem maiores chances de recuperação.

Todas as emoções são naturais e fazem parte da natureza humana, tanto as positivas quanto as negativas. Elas podem ajudar ou prejudicar a pessoa, dependendo da sua duração, intensidade e controle.

CAPÍTULO 16

PSISOSSOMÁTICA: O HOMEM COMO SER BIOPSICOSSOCIAL

Em todo ser vivo, aquilo, que designamos como partes constituintes, formam um todo inseparável, que só pode ser estruturado em conjunto, pois a parte não permite reconhecer o todo, nem o conjunto deve ser reconhecido nas partes.
Johann Goethe (1749-1832)

Os estudos sobre a psicossomática, em sua concepção moderna, tiveram início no começo do século XX. Mas antes de discorrer sobre este assunto e compreender a caminhada da área, é preciso retomar a história e mencionar alguns fatos que aconteceram alguns séculos atrás.

A ideia da união **mente/corpo** sempre foi aceita, desde Hipócrates (séc. V a.C.), considerado o pai da Medicina ocidental. O pensamento hipocrático, na Grécia Antiga, nunca deixou de considerar **a união entre a lesão corporal, os estados psíquicos** (chamados **de alma**, na época) e **os fatores ambientais**, ou seja, uma concepção inteiramente **psicossomática.**

Entretanto, no século XVII, Descartes fez uma declaração afirmando que **a mente e o corpo eram duas instâncias distintas e separadas** (veja **Capítulo 5**).

Nessa mesma época, Shakespeare, que era contemporâneo de Descartes, profetizou, por meio do seu personagem Hamlet, a sua célebre frase: **"Há muito mais verdades entre o céu e a terra do que supõe a nossa vã filosofia"**. Uma verdade desconhecida pela humanidade. Tal declaração provocou uma reflexão que se opõe à crença dualista de Descartes.

O fato é que o pensamento cartesiano dominou o cenário científico até meados do século XX, causando, até então, **uma ruptura entre a razão e a emoção**, negando a origem da Medicina estabelecida pelo filósofo grego Hipócrates.

16.1 A PSICOSSOMÁTICA HOJE

A **Medicina psicossomática é um estudo das relações mente-corpo**, um resgate da visão holística hipocrática, sem abandonar ou ignorar todo o avanço tecnológico da Medicina moderna e suas especializações. Oferece destaque na explicação psicológica da patologia somática, uma proposta de assistência integral e uma transcrição para a linguagem psicológica dos sintomas corporais.

Nessa perspectiva, o **"saber ouvir"** é a estratégia da psicologia aos médicos que praticam sua clínica nos sofrimentos orgânicos. Ao profissional da Psicologia, cabe aplicar esse ensinamento em sua própria prática ao ser adoecido (Mello Filho, 1992).

É importante, também, citar o que a psicossomática não é. Ela não está voltada para qualquer tipo de visão metafísica, exotérica ou mística do ser humano, da saúde ou da doença. É necessário que fique demarcada uma fronteira de diferenciação entre a Medicina psicossomática e o terreno das chamadas medicinas alternativas. Portanto, a Medicina psicossomática não é e nem pretende ser uma Medicina alternativa, muito menos uma alternativa à Medicina.

Entende-se por alternativa a prática médica cujos procedimentos estão baseados em princípios teóricos diferentes dos da ciência convencional. **A Medicina psicossomática não se baseia em qualquer princípio teórico que fuja das ciências convencionais**. Aliás, se compreendermos que a Medicina convencional já nasceu psicossomática, entenderemos que a Medicina psicossomática nada mais é que a Medicina convencional tentando resgatar seu berço (Angerami-Camon, 2002).

Perspectiva conceitual da psicossomática

No início do século XX, o interesse pelos aspectos constitucionais, sociais e psicológicos de uma patologia foi relegado ao segundo plano, conséquentemente, em parte, ao espetacular crescimento do conhecimento sobre a patologia celular e bacteriologia. Depois, houve a retomada do interesse pela abordagem psicossomática da Medicina.

A postura psicossomática deriva-se da posição holística. O termo grego *holos* significa **total** e foi introduzido na Medicina em 1922. Esse conceito tenta recuperar o que na antiga Grécia Hipócrates, Platão e Aristóteles consideravam a unidade indivisível do ser humano.

Em 1929, Cannon desenvolveu o conceito de homeostase, dando assim a base fisiológica para a concepção holística, pois segundo esse conceito, universalmente aceito, mas nem sempre levado em consideração, em todas suas implicações: **"todo e qualquer estímulo, incluindo psicossocial, que perturba o funcionamento do organismo, o perturba como um todo"** (Mello Filho, 1992).

Em 1953, Cannon publicou: **Bodily changes in pain, hunger, fear and rage** (Mudanças corporais na dor, fome, medo e raiva). Essa obra enfatiza toda a importância da somatização das emoções.

Na atualidade, a psicossomática refere-se ao estudo da pessoa como ser histórico:

- O homem que vivencia o seu reumatismo e seus envolvimentos laborais, sociais, seu esquema corporal alterado, sua sexualidade perturbada.

- A mulher com sua infertilidade e a pressão social sobre sua gestação.

- O jovem com sua diabetes e que tem sua vida limitada por sucessivos fatores decorrentes de sua dieta.

- O hipertenso que não consegue aderir às suas pautas de tratamento.

- O impotente frente a sua parceira sexual e sua ansiedade etc.

A psicossomática é uma proposta de visão menos dicotomizada do homem, ou seja, considera o homem como um todo: um ser dinâmico, que acontece num ambiente (natureza, sociedade, cultura). É o estudo das relações mente/corpo, com ênfase na explicação psicológica da patologia somática, uma proposta de assistência integral e uma transcrição para a linguagem psicológica dos sintomas corporais.

A Medicina psicossomática é um tema relativamente recente no âmbito mundial, embora seus princípios estejam contidos na doutrina médica desde os tempos hipocráticos. Para Mello Filho (1992), a área apoia-se em três teses centrais:

1. **A etiopatologia somática**. Está comprometida, em casos determináveis ou de modo universal, com a função psicológica.

2. **A ação assistencial**. É um processo complexo de interação social que, além de incluir os conhecidos atos semiológicos, diagnósti-

cos e terapêuticos, contém elementos da vida afetiva e irracional dos participantes.

3. **A natureza essencial do ato médico é humanista**. Portanto, a terapêutica deve estruturar-se em função da pessoa do doente e não apenas organizar-se, preventiva ou curativamente, a partir do reconhecimento de uma patologia.

Cada uma dessas afirmações, embora estejam sendo revistas, continuam representando os elementos principais das três vertentes teóricas comuns a toda concepção psicossomática, respectivamente: **(1) a Psicogênica; (2) a Psicologia Médica; (3) a Antropologia Médica** (Mello Filho, 1992).

Assim, o campo de estudo da psicossomática que parece mais preciso é aquele que integra as três perspectivas: **(1)** a doença com sua dimensão psicológica; **(2)** a relação médico-paciente com seus múltiplos desdobramentos; e **(3)** a ação terapêutica voltada para a pessoa do doente, este entendido como um todo biopsicossocial (Mello Filho, 1992).

Psicossomática e o contexto social

A interação indivíduo/contexto social é aspecto básico da vida em geral e da vida humana, tanto na saúde quanto na doença. A todo instante, o contexto social age sobre o paciente que reage sobre o contexto social, que novamente reage sobre o paciente, num constante, natural e inevitável círculo vicioso.

Mesmo um raciocínio clínico mais elaborado, que integre elementos orgânicos e psíquicos, mas que exclua os elementos de contexto social, apresenta uma visão parcial da pessoa.

Psicossomática e o mercado de trabalho na saúde

Importante que os serviços de saúde (planos de saúde e convênios médicos em geral) passem a considerar na psicossomática a possibilidade de aplicação dessa área como uma alternativa para a resolução de alguns conflitos criados pelo próprio mercado atualmente.

O médico habilitado psicossomaticamente realiza uma Medicina com grau de resolutividade maior. Se for possível calcular quantas consultas médicas serão necessárias entre um determinado diagnóstico e o término do tratamento, observa-se que o médico que trabalha psicossomaticamente pode chegar a um diagnóstico e estabelecer uma terapêutica com possibilidade de resultados práticos num número inferior de consultas. Assim, ganham todos, o médico, o paciente, as empresas e os serviços de saúde.

O atendimento psicossomático favorece maior eficiência de diagnóstico e um alívio mais consistente do sofrimento do paciente, evitando um número de consultas e de exames excessivos, muitas vezes desnecessários. Isso sem considerar o aumento e a despesa de procedimentos médicos. Já a pessoa **somatizada** repete o gasto com os mesmos procedimentos muitas vezes mais (Angerami-Camon 2002).

Por outro lado, não estamos falando em transformar todos os profissionais de saúde em psicoterapeutas. Nós precisamos de todas as especialidades médicas que aí estão. Quem tem uma apendicite aguda, um tumor cerebral ou um nódulo suspeito numa mama precisa ter à disposição uma boa mão segurando um bisturi.

16.2 A PSICOSSOMÁTICA E O ADOECIMENTO

Muitas doenças chamadas **psicossomáticas** têm o componente psicológico afetando o somático, que é o corpo. Como exemplo desses impactos, podemos citar a artrite reumatoide, muitas alergias, a gastrite nervosa e tantas outras. Portanto, o estado emocional pode causar uma doença, assim como um pensamento positivo ou uma linguagem mais otimista pode fazer com que uma pessoa viva muito melhor, mesmo diante de situações difíceis.

Emoções consideradas negativas, como a **raiva**, o **medo** e a **culpa** podem acarretar impactos mais sérios à saúde. Hoje, a Psiquiatria e a Psicologia positivas trabalham com os aspectos da **positividade**, do **otimismo**, da **resiliência**, dos fatores de enfrentamento aos estresses da vida em geral. Quando em uma situação de doença, por exemplo, o cérebro recebe como algo ruim, o nosso eixo **hipotálamo-hipófise--adrenal** produz mais cortisol, o que aumenta o nível de estresse e causa as doenças psicossomáticas.

A terapia cognitivo-comportamental pode atuar para aliviar emoções como **raiva**, **medo**, **ira**, **vingança** etc. no paciente, pois quando não tratadas, elas voltam negativamente para a pessoa que as sente.

É importante saber controlar as emoções e enxergar o lado bom das coisas, pois quando conseguimos tirar proveito das situações, principalmente daquelas consideradas negativas, instituímos o que chamamos de **estratégia de enfrentamento de estresse** e isso está ligado à espiritualidade, atividades físicas, relações pessoais e sociais e até mesmo poder contar com uma **rede de apoio**, conforme recomendado pela Organização Mundial da Saúde. Com pensamento e vibração positiva, teremos um corpo bem mais saudável, com menos estresse, hormônios e toxinas negativas.

Algumas reações do corpo diante das emoções:

- **Medo**. O coração dispara e a respiração fica ofegante. O cérebro fica sob efeito dos hormônios do estresse.

- **Raiva**. Causa sudorese, aceleração dos batimentos cardíacos e tensão dos músculos. Quando acumulada pode provocar reações inflamatórias.

- **Tristeza**. Pode afetar principalmente a imunidade, dificulta o sono e pode aumentar ou diminuir o apetite.

- **Alegria**. Capaz de liberar hormônios que relaxam os músculos e fortalecem o sistema imunológico.

16.3 PSICOSSOMÁTICA, PSICONEUROIMUNOLOGIA E PSICO-ONCOLOGIA

De maneira objetiva, o que essas três áreas têm em comum?

A psicossomática, conforme já discutido, é o estudo da relação entre a mente e o corpo, ou seja, da interdependência entre os aspectos biológicos e psicológicos.

A psiconeuroimunologia é a área científica que investiga as interações entre o cérebro, o comportamento e o sistema imunológico, bem como as implicações que essas ligações têm para a saúde física e a doença. A hipótese base desse modelo é que os estressores psicossociais diminuem a eficiência do sistema imunológico, o que leva ao aumento de sintomas médicos (risco de uma doença).

A psico-oncologia é uma subespecialidade da Oncologia que procura estudar as duas dimensões psicológicas presentes no diagnóstico do câncer: (a) o impacto do câncer no funcionamento emocional do paciente, sua família e profissionais de saúde envolvidos em seu tratamento; (b) o papel das variáveis psicológicas e comportamentais na incidência e na sobrevivência ao câncer. Há o encorajamento ao paciente para se adaptar à melhor forma de conviver com a nova realidade. Os pacientes tratados apresentam melhora objetiva de seus sintomas emocionais e qualidade de vida, aumentando as possibilidades de recuperação.

Dado o exposto, compreende-se que a **psiconeuroimunologia**, que teve a sua origem em 1975, e a **psico-oncologia**, que teve sua origem no Brasil em 1989, trilham, em harmonia, o caminho da psicossomática. Ou seja, são companheiras na arte de guiar nosso entendimento em direção a uma Medicina que integralize essas áreas do conhecimento em busca de melhores resultados ao paciente em seu adoecimento e respectivo tratamento.

RESUMINDO

A influência do fator emocional sobre o sistema imunológico no ser humano em seu adoecimento aumenta demasiadamente as suas possibilidades de recuperação ou até, em alguns casos, pode constituir um mau prognóstico.

Em contrapartida, cada paciente conta com um modo particular de enfrentamento da doença. O propósito deste capítulo foi demonstrar o impacto e a interação emocional das doenças sobre o sistema imunológico do paciente, bem como apontar a interpretação da psicossomática e as diferentes formas de atuar, no sentido de minimizar danos e promover ganhos, com perspectivas de melhorias a todos os envolvidos nesse processo: o **paciente**, a **família** e os **profissionais da saúde** envolvidos.

CAPÍTULO 17

A DOENÇA E SEUS ASPECTOS PSICOLÓGICOS

Adoecer é como entrar em órbita
Simonetti (2004)

Para Simonetti (2004), a doença é um evento que se instala de modo tão central na vida da pessoa, que tudo o mais perde importância ou então passa a girar em torno dela, ou seja, a pessoa passa a ficar num movimento em torno da sua doença, numa espécie de órbita que apresenta quatro posições principais: **negação, revolta, depressão** e **enfrentamento.**

Habitualmente, a pessoa entra na órbita da doença pela negação, depois, se revolta, algum tempo depois entra em depressão e, por último, após esforço e trabalho pessoal, alcança a possibilidade de enfrentamento real. Entretanto, essa ordem não é fixa, e qualquer combinação pode ser encontrada na prática, de modo que depois de entrar nessa órbita, a pessoa pode mudar de posição, vindo a ocupar qualquer uma delas. Outro aspecto interessante é que essa posição pode variar de um dia para o outro (Simonetti, 2004).

A psiquiatra Elisabeth Kübler-Ross (2008) apresenta os estágios pelos quais os pacientes passavam diante do seu luto, ou seja, o **sentimento de perda** da saúde. Para Kübler-Ross, todos os pacientes reagem quase da mesma forma em relação às más notícias, isto é, com choque e descrença: o paciente faz uso da negação, que pode durar alguns segundos até muitos meses. Depois, surge a **raiva** e a **revolta**, que se manifestam de maneira diversa, tal como a inveja daqueles que estão sadios. Em seguida, manifestam o estágio da **barganha**, seguido pela **depressão** e depois a **aceitação**. Esses estágios serão discutidos e detalhados no **Capítulo 18.**

Após apresentar os diferentes estágios pelos quais as pessoas passam ao se defrontarem com notícias trágicas, Kübler-Ross (2008) indica a única coisa que geralmente persiste em todos os estágios, é a **chama da esperança**: a sensação de que tudo deve ter algum sentido, que pode compensar, caso suportem por mais um tempo. Uma esperança de que tudo não passe de um pesadelo irreal, de que acorde um dia com a notícia de que os médicos estão prontos para tentar um novo medicamento que seja promissor.

Quando a notícia de cura não acontece, o paciente enfrenta e vivencia a sua condição. A partir de então, diferentes aspectos psicológicos são frequentemente observados no ser humano, conforme os tipos de adoecimento:

17.1 ASPECTOS PSICOLÓGICOS EM PACIENTES COM HIV/AIDS

A Aids costuma estar associada à ideia de morte e a comportamento de risco, como o uso de drogas injetáveis e o sexo inseguro, assim, desperta na sociedade o medo, a discriminação e o preconceito. Por essa razão, abatem moralmente o portador, seus familiares e amigos (Baptista; Dias, 2009).

As reações psicológicas do paciente frente ao diagnóstico são variadas, de acordo principalmente com suas características comportamentais, seu modelo cultural, suas condições socioeconômicas, sua história de desenvolvimento pessoal e familiar, sua estrutura emocional, entre outros fatores.

Essas reações vão desde **revolta, apatia, desespero culpa, depressão, medo da discriminação, rejeição até a aceitação do diagnóstico**. No entanto, não existe uma reação psicológica-padrão, porque cada paciente responde de uma forma, de acordo com sua capacidade de enfrentamento de situações de risco.

Desse modo, um paciente pode reagir com uma exagerada carga emocional ou com uma quase indiferença. Embora não exista uma reação psicológica-padrão, pode-se identificar alguns comportamentos mais frequentes em diferentes fases da doença (Baptista; Dias, 2009).

Quando a pessoa suspeita estar infectada pelo HIV, com a possibilidade de ser soropositivo, já apresenta uma reação emocional, geralmente relacionada a um estado de ansiedade. Durante a espera do resultado, as reações de ansiedade estão mais evidentes, podendo ocorrer: cefaleias, insônia, diarreias, tensões musculares etc. (Baptista; Dias, 2009).

No momento em que o indivíduo recebe o resultado do exame, se ele for negativo, é frequente uma reação de alívio e descarga emocional. Por outro lado, se o resultado for positivo, pode-se observar diferentes reações psicológicas à soropositividade. Essas fases foram descritas inicialmente por Kübler-Ross (2008), relacionada a pacientes com câncer e terminais. Posteriormente, os estudiosos e profissionais da saúde que lidam com pacientes soropositivos e com Aids adaptaram e aperfeiçoaram essas fases para a atenção nesse campo e, na maioria das vezes, as reações psicológicas se devem muito mais ao próprio estigma da Aids do que ao medo da doença ou da morte.

A seguir estão as fases descritas por Baptista e Dias (2009) em relação ao processo de adaptação e convivência com o HIV+ e Aids. Cabe ressaltar que estas fases não ocorrem necessariamente de uma forma gradual e, inclusive, algumas poderão ser até suprimidas, não havendo necessariamente uma sequência lógica:

- **A primeira fase:** período de conhecimento do diagnóstico, pode ser denominada de "choque emocional". Podem surgir respostas de inibição ou de grande intensidade emocional – uma provável preocupação com a família e/ou companheiro, além de dúvidas sobre para quem contar o próprio diagnóstico. Aparecem cognições negativas sobre a Aids, por exemplo, estar relacionada à morte certa. O indivíduo passa, também, por momentos de ansiedade, depressão, culpa e conflitos nos relacionamentos interpessoais e sociais.

- **A segunda fase:** observada durante a evolução da infecção pelo HIV e com o surgimento das primeiras infecções oportunistas que caracterizam a Aids, as reações emocionais mais frequentes são a depressão e respostas de ansiedade. Os sintomas de depressão são intensos e associados à perda de autonomia, ao medo do futuro e à ansiedade sobre a morte.

- **A terceira fase:** é o período sintomático final em que ocorre uma mudança na imagem corporal e uma evidente redução do autoconceito do paciente. Este depende, na maioria das vezes, de terceiros, havendo possíveis conflitos nas relações e declínio progressivo das capacidades cognitivas e psiconeurológicas. **Na última fase**, o paciente depara-se com o enfrentamento da própria morte.

17.2 ASPECTOS PSICOLÓGICOS EM PACIENTES COM CARDIOPATIAS

Embora se saiba que fisiologicamente o comando da vida física e a modulação do comportamento humano estejam centralizados no cérebro, é o coração que simboliza o sentimento humano. Amor e ódio, alegria e tristeza, coragem e medo são sentimentos que se associam tradicionalmente ao coração. As afecções cardíacas exercem forte impacto sobre sentimentos e comportamentos humanos.

Estudos recentes demonstram que as interações emoções-coração têm correspondentes bioquímicos bem definidos, e que são medidas principalmente pelos sistemas simpático e parassimpático, além de hormônios que integram funções cerebrais cardíacas e suprarrenais (Mello Filho, 1992).

A cirurgia cardíaca é sempre um grande evento na vida das pessoas, para quem opera o coração é sempre tudo ou nada.

Os problemas emocionais nas **cardiopatias congênitas** remontam à fase da gestação e envolvem a conduta dos pais e demais familiares com relação à criança. A expectativa da família com relação à criança é muito alta. A imagem que se cria da criança que vai nascer é sempre otimista. Quando a criança nasce, os pais têm que adaptar a imagem idealizada à realidade e, se ocorrer alguma malformação, essa adaptação torna-se mais difícil. Além disso, as **agressões mútuas entre os pais** são comuns e representam a tentativa, consciente ou não, de diminuir o sentimento de culpa de cada um (Mello Filho, 1992).

A **rejeição** é outro fato que pode ocorrer, baseada em uma frustração pessoal de suas expectativas, por injunções do ambiente familiar ou por pressões sociais. O mais frequente é a rejeição do pai. A mãe tende a aceitar melhor a criança doente – como se a estreita dependência materna durante a gestação e nas fases iniciais do crescimento se prolongasse naturalmente pela ocorrência do defeito cardíaco (Mello Filho, 1992).

É frequente também que essas crianças sofram retardo no desenvolvimento físico; elas sentam e andam mais tarde. Tal retardo pode ser de fato secundário ao prejuízo da função cardíaca causado pela doença básica; mas também pode ser parcialmente causado pelo excesso de cuidados por parte dos pais.

Na hospitalização, a criança fica geralmente separada dos pais, o que a faz **se sentir insegura e ansiosa**. Colaboram para isso o ambiente desconhecido, a presença de pessoas estranhas e os procedimentos terapêuticos necessários, que muitas vezes são agressivos. Por falta de informações adequadas, muitos pais escondem do filho que ele precisa ser operado. Sem entender o que está se passando, a criança pode imaginar que está sendo castigada por alguma coisa errada que fez. Nessa fase, a atuação do psicólogo é de grande valia, na tentativa de diminuir a ansiedade dos pais e da criança (Mello Filho, 1992).

Quando a equipe médica não tiver a presença constante do psicólogo, é recomendável que um de seus componentes converse com os pais, procurando orientá-los durante o período de internação. Assim como a criança precisa se sentir segura com relação aos pais, o mesmo ocorre com os pais em relação aos médicos que atendem seu filho.

De acordo com Mello Filho (1992), **em pacientes adultos**, independentemente do sexo, da idade, da condição socioeconômica, ou mesmo da cardiopatia, algumas preocupações imediatas, fantasias e medos, na grande maioria das pessoas, incluem:

1. **Medo da morte**. Enfrentar uma situação real de possibilidade de morte pode representar um momento de angústia e insegurança. Surgem questionamentos sobre se haverá tempo para modificar erros cometidos no passado.

2. **Operar o coração**. Na maioria das vezes, o paciente vê o coração na simbologia emocional que o envolve, tornando mais difícil aceitá-lo com órgão doente e que precisa ser tratado.

3. **Anestesia**. O receio de não acordar mais, além de saber que será manipulado sem que possa participar ou opinar, contribui para o temor do paciente.

4. **Unidade de Terapia Intensiva (UTI)**. Nela predomina a imagem do isolamento e desamparo. A aceitação da UTI pelo paciente é facilitada quando se explica que a UTI é o único meio de oferecer segurança suficiente no pós-operatório imediato e que a permanência será a mais rápida possível.

5. **Dor**. A dor pós-operatória é um fato real, mas não deve ser superdimensionado. Deve-se assegurar que a dor será passageira e que a equipe médica ficará atenta para combatê-la. O respeito à dor do paciente é de grande importância psicológica e deve ser cuidadosamente observado.

6. **Aumento da sensibilidade**. Crises de choro e períodos de profunda tristeza são comuns. A operação representa uma fase de reflexão para a pessoa. Muitos analisam a vida pregressa e se dão conta de situações que poderiam ter sido diferentes. Alguns

se entristecem porque não fizeram o que queriam, outros porque gostariam de continuar fazendo o que sempre fizeram e apreciam... a melhor maneira de lidar com essa sensibilidade é admiti-la, deixando-a manifestar-se naturalmente.

17.3 ASPECTOS PSICOLÓGICOS EM PACIENTES COM TRANSPLANTES

A perspectiva de mudanças, após um transplante, gera insegurança e traz à tona sentimentos contraditórios de dúvida, medo da morte, da dor, das complicações clínicas dos primeiros dias e meses, da presença de um órgão estranho começando a funcionar dentro de si, representando um possível renascimento, de não ser mais dependente, de alterar seu esquema corporal e da incompatibilidade sanguínea com o doador. Em contraposição, há fé, esperança e desejo de livrar-se do tratamento anterior ao transplante.

Conforme a relação doador-receptor, algumas crises podem ameaçar a estabilidade emocional do receptor (Mello Filho, 1992):

1. **Recebimento de órgão de um doador vivo**. Envolve uma série de fantasias, muitas vezes persecutórias, variando de acordo com o tipo de relação que o receptor mantém com o doador, surgindo crises de identidade, principalmente entre pares que não mantêm boa relação. Algumas frases são frequentes, tais como:

   - Tenho medo de ficar com os defeitos horríveis de minha irmã.

   - Será que vou virar mulher? Terei trejeitos?

   - Vou engordar e ficar igual a Fulano...

   - Vou perder meu senso de humor!

2. **Crises de identidade**. Podem ser identificadas em pacientes que recebem órgãos de doador cadáver, como o medo do desconhecido (ansiedade), e sentem, por vezes, dificuldade de aceitação do órgão, podendo chegar, em alguns casos, a um estágio regressivo profundo.

Essas crises, como quaisquer outras, ameaçam a estabilidade emocional do receptor, temeroso de sofrer uma alteração de sua identidade, já que tem um órgão de outro dentro de si (Mello Filho, 2009).

17.4 ASPECTOS PSICOLÓGICOS EM PACIENTES COM DOENÇA RENAL CRÔNICA

A doença renal crônica, por sua característica de cronicidade, pode trazer uma série de consequências envolvendo alterações físicas, sociais e emocionais, as quais interferem de modo significativo na qualidade de vida desses pacientes. Dessa forma, a inserção de equipes interdisciplinares de saúde no cuidado a pacientes renais crônicos tornou-se, com o decorrer do tempo, uma intervenção fundamental para que um suporte mais abrangente fosse realizado (Filgueiras; Rodrigues; Benfica, 2010).

Um dos objetivos de atuação do psicólogo junto de pacientes renais é trabalhar com estes a aceitação do diagnóstico, maior implicação e adesão ao tratamento e consequente melhoria da qualidade de vida, para que estes possam viver com qualidade, apesar das limitações acarretadas pelo adoecimento.

As intervenções junto da família também são fundamentais, pois esta pode auxiliar de maneira significativa o paciente na aceitação do diagnóstico, para que assim possa ter participação ativa na busca de melhor qualidade de vida.

A presença de alguns transtornos, como a depressão e a ansiedade, comuns em pacientes renais crônicos, aponta para a intervenção psicológica junto desses pacientes. Estudos destacam a depressão como um fator associado à diminuição da adesão ao tratamento e ao aumento do risco de mortalidade, podendo, assim, estar associada à menor sobrevida dessa população (Filgueiras; Rodrigues; Benfica, 2010).

17.5 ASPECTOS PSICOLÓGICOS EM PACIENTES COM CÂNCER

Hipócrates (500 a.C.) usou a expressão **carcinos** para se referir ao câncer, uma doença de mau prognóstico. Desde então, os pacientes reagem com medo e desespero diante de tal diagnóstico.

A reação de medo e desespero ante o câncer é perfeitamente compreensível, considerando que por muito tempo a cura da doença pareceu improvável. Mas com a evolução do conhecimento científico e os avanços da Medicina ao longo dos últimos anos, esse panorama evoluiu. Assim, atualmente, já é possível conquistar qualidade de vida em pacientes nos quais a doença persiste e observar a remissão completa em alguns casos de neoplasias.

O tratamento oncológico é complexo e longo, gerando sofrimento e diferentes fontes de estresse. Doentes com câncer costumam apresentar sintomas de ansiedade e depressão porque, no momento do diagnóstico, essas pessoas entram em contato com a consciência da própria morte, que os leva a pensar sobre as suas próprias vidas, valores, sua espiritualidade e suas crenças. A depressão em pacientes com câncer costuma estar associada ao aumento da sobrecarga dos sintomas e à baixa qualidade de vida. Assim, os recursos psicológicos internos de cada um podem ter uma forte influência na maneira mais tranquila, ou não, de o doente atravessar as fases de diagnóstico e tratamento (Fonseca, 2010).

A importância do estudo da depressão na Oncologia é reforçada pelas evidências da eficácia dos tratamentos, como o tratamento farmacológico e o psicológico. O tratamento farmacológico pode propiciar melhora no quadro depressivo com o uso de medicamentos antidepressivos, estabilizadores do humor ou antipsicóticos, de acordo com o tipo de transtorno envolvido, e com cuidados especiais por causa da alta probabilidade de ocorrência de efeitos colaterais. Outra opção de tratamento para a depressão é a intervenção psicológica, podendo promover a melhora no ânimo, aumento da vontade de viver e, consequentemente, melhora na qualidade de vida (Carvalho *et al.*, 2008).

As manifestações psíquicas variam e incluem humor deprimido, ansiedade, preocupação, sentimento de incapacidade de adaptação, incapacidade no planejamento do futuro e algum grau de incompetência no planejamento da rotina diária.

O câncer no adolescente

O adolescente que vivencia um câncer e o seu tratamento é um ser que experimenta uma variedade de emoções negativas, que lhe causam estresse e dificuldade em administrá-las (Fonseca, 2010).

Após o diagnóstico do câncer, surgem sintomas de depressão e o adolescente relaciona esses sintomas com o câncer, o qual é referido "como uma 'desgraça' e que o faz 'perder a alegria de viver', um acontecimento estressante que altera as suas emoções e seu comportamento, colocando-o diante da possibilidade real de morte prematura" (Fonseca, 2010).

A presença do câncer para o adolescente significa **a interrupção nos planos de vida, a mudança da imagem corporal, o isolamento social, a perda da autoestima, o sofrimento com o tratamento e o medo da**

morte. Essas são questões traumáticas que ocasionam tristeza, choro, humor deprimido e desânimo, frequentemente manifestados nas falas e no comportamento do jovem e que estão correlacionados à depressão (Fonseca, 2010).

Um grupo de 12 adolescentes em tratamento de câncer junto ao TMO (Transplante de Medula Óssea) do Hospital de Clínicas do Paraná recebeu acompanhamento psicológico no decorrer de sete meses. Ao fim desse tempo, apesar de cientes da doença em seu organismo e da necessidade de continuidade do tratamento, os adolescentes passaram a enxergar a sua vida de uma forma diferente daquela forma anteriormente à doença. Mudaram seus valores em relação à família e aos amigos, adquiriram otimismo no seu futuro e reorganizaram seus planos de vida. Passaram a ter um convívio **saudável** com a doença, melhorando a sua qualidade de vida (Fonseca, 2010).

17. 6 ASPECTOS PSICOLÓGICOS EM PACIENTES COM AMPUTAÇÃO

Os sintomas depressivos são mencionados como frequentes em pessoas com amputação, com manifestação de tristeza, pesar, episódios de choro, isolamento social, perda de apetite, dificuldade para dormir, entre outros. Alguns sintomas, como a tristeza e o pesar, são respostas esperadas após a perda do membro, porém a depressão clínica possui maiores implicações, visto que precisa ser rapidamente percebida e tratada, por representar um risco significativo para o aumento de morbidade e mortalidade nesses pacientes (Gamarra; Crepaldi, 2009).

A **depressão**, logo após a perda do membro, pode ser considerada uma reação natural. Os sintomas depressivos após o período de hospitalização são relacionados com o baixo nível de mobilidade, a restrição de atividades, o sentimento de vulnerabilidade e baixas condições de saúde em geral.

Assim como a cirurgia inicial para a amputação do membro gera alta ansiedade, os distúrbios da autoimagem corporal, como percepção distorcida e negativa sobre a aparência física, também são relacionados com **altas taxas de ansiedade** e podem ser observados em pessoas amputadas, por meio de comportamentos de evitação por contato visual com o membro amputado e negligência no autocuidado do coto.

Diante dessas particularidades do paciente com amputação, fica reforçada a recomendação de que, mesmo antes da cirurgia, o paciente já deve receber atendimento psicológico, lembrando que níveis elevados de **ansiedade e medo** podem dificultar a recuperação pós-cirúrgica e a aceitação da nova condição, além de aumentar o isolamento social, o que afeta o conforto, a qualidade de vida e a posterior adesão ao tratamento por parte do paciente.

A dor fantasma

A dor fantasma se refere à sensação de dor na parte perdida do membro amputado e pode se apresentar de diferentes formas: **como um ardor, um aperto, uma dor que pode variar de intensidade e frequência**. A etiologia da dor fantasma pode ser associada com os aspectos psicológicos e com a base fisiológica.

Os aspectos psicológicos referem-se à imagem corporal construída pelo indivíduo por meio das suas vivências. A partir da amputação, surge a dificuldade de adaptar-se e aceitar a nova imagem corporal, relutando em manter o corpo íntegro. A ocorrência da dor fantasma varia de 46 a 90 % entre as pessoas amputadas e a sensação pode durar minutos, horas ou dias e existem casos de dores contínuas. Ademais, a dor fantasma pode ser um "dificultador" na adaptação psicológica e no processo de reabilitação motora (Gamarra; Crepaldi, 2009).

A dor fantasma pode ser prevenida se o paciente for encorajado a expressar os sentimentos de perda e sofrimento, visto que essa dor pode ser entendida pelo valor fisiopatológico e, também, como uma tentativa de reintegração corporal.

A dor no coto é outra dor que pode estar presente após a amputação, envolvendo sensações de dor no local da amputação. A **dor no coto está diretamente associada com a depressão**.

A dor fantasma e a dor no coto podem se tornar dores crônicas, encadeadas por um ciclo vicioso de estresse e sofrimento psicológicos, falta de condição física, restrição de atividades, comportamentos disfuncionais, dependência de medicações e serviços de saúde. Ambas as dores podem interferir no processo de reabilitação, dificultar o uso de próteses e do retorno ao trabalho (Gamarra; Crepaldi, 2009).

A adaptação positiva ocorre quando o indivíduo fundamenta seu mundo interior nas qualidades não físicas e no seu senso de valores intrínsecos. Para tanto, alguns fatores colaboram para essa adaptação positiva, como **o humor, o suporte social, as relações afetivas**, um momento em que as estratégias de *coping* são fundamentais para a compreensão do processo de adaptação à amputação (Gamarra; Crepaldi, 2009).

17.7 SOBRE A ENTREVISTA CLÍNICA

As diferentes doenças aqui expostas e suas respostas emocionais nos mostram a complexidade do inconsciente humano, bem como as reações que cada um pode ter, a partir da sua vivência com qualquer uma delas.

Assim, a partir desta etapa do livro, além dos fatores apresentados e recomendados no **Capítulo 4**, vamos incorporar outros dois, igualmente importantes, para que sejam colocados em prática no decorrer das entrevistas ou consultas:

1. **Ouvir é diferente de escutar**. Ouvir é um ato passivo, enquanto escutar refere-se a uma ação que requer atenção e compreensão daquilo que se ouve.

2. **O cuidado na comunicação do diagnóstico de doença grave ao paciente leigo** (especificamente ao profissional médico). Sabe-se que receber a notícia de um diagnóstico de doença grave nunca é fácil para ninguém.

Quando o profissional da saúde usa a **empatia**, essas duas questões podem ser colocadas em prática mais facilmente, sendo a **escuta** para compreender melhor **o que é dito** e **como é dito** pelo paciente, o que possibilitará uma boa compreensão do discurso, de maneira mais abrangente e humana do caso.

A partir de então, além dos respectivos exames, o profissional da saúde (médico) poderá elaborar a sua **comunicação de diagnóstico e tratamento**, sempre com a precaução de se fazer entender, evitando o uso de palavras técnicas para que o paciente compreenda o que é dito. Se julgar que o paciente não tem suporte emocional para ouvir o diagnóstico, no caso de doença grave, pode adiar a comunicação para uma próxima consulta, dentro de um ou dois dias, solicitando que o paciente venha acompanhado de um parente, com o argumento de que duas pessoas poderão compreender melhor todas as orientações necessárias para o tratamento.

A realização da entrevista clínica com o paciente no contexto hospitalar requer a atenção a diversas questões, por essa razão, ressalta-se a importância do **cuidado** e da **empatia do entrevistador** (geral a todos os profissionais da saúde), na percepção das diferentes reações emocionais no decorrer da entrevista, as quais orientam para a melhor conduta possível em relação ao discurso do paciente.

Durante toda a entrevista, **escutar mais do que falar; oferecer suporte emocional** diante das emoções apresentadas pelo paciente, mas sem emitir as próprias opiniões aos possíveis questionamentos que ele, eventualmente, possa fazer, nesse momento.

No decorrer de anos de entrevistas com pacientes hospitalizados, junto com os acadêmicos de Medicina, foi possível identificar, especificamente, vários **aspectos psicológicos no adoecimento**, que se repetiam muitas vezes, em diferentes pacientes, com **diferentes tipos de doenças**. Essa relação está exposta ao fim deste livro, no **ANEXO I**. Use-a como base, sempre que necessário.

Por outro lado, muitas vezes os pacientes se emocionavam e choravam ao iniciar seus relatos, trazendo um certo desconforto aos acadêmicos (entrevistadores). Embora, ao fim da entrevista, muitas vezes, os mesmos pacientes agradeciam pela oportunidade de poder falar sobre si, do alívio após o choro e das questões relacionadas ao seu adoecimento, tratamento e hospitalização. A manifestação de emoções é uma condição muito própria do ser humano, a qual sinaliza **necessidades de acolhimento**, que somente **outro humano pode oferecer**.

Ao longo da minha prática em Psicologia Médica com pacientes hospitalizados, o relato a seguir foi um dos mais marcantes para mim e, com certeza, também foi para os acadêmicos que conduziram a entrevista com esse paciente e que fizeram a discussão do caso comigo, em outubro de 2011.

O paciente, em questão, era um homem de origem humilde e com muita sensibilidade, que demonstrou em sua fala o impacto negativo quando, no decorrer de uma entrevista (ou consulta), não há uma **escuta humana**, nem o **cuidado** no uso das palavras, por parte do profissional da saúde. O relato a seguir propicia uma análise criteriosa sobre a relação profissional/paciente e suas consequências, para o bem ou para o mal.

17.8 RELATO DE CASO: A COMUNICAÇÃO DO DIAGNÓSICO DE CÂNCER AO PACIENTE

Paciente masculino, 38 anos, brasileiro, com diagnóstico de câncer renal, internado para procedimento cirúrgico, na **Ala de Oncologia** da Santa Casa de Misericórdia em Ponta Grossa (PR).

Inicialmente, a acadêmica cumprimentou o paciente, apresentou-se e fez o convite, pedindo permissão para entrevistá-lo:

Ele, um paciente de origem humilde e com muita sensibilidade, agradeceu o convite e, imediatamente, falou sobre a importância de todo profissional da saúde em **conversar daquela forma cuidadosa com os seus pacientes**. Então, a acadêmica e os colegas entraram, aproximaram-se e deram início à entrevista.

Logo após esse cumprimento inicial, o paciente olhou para os entrevistadores e disse: *"sempre há um anjo na nossa vida"*. Em seguida, o paciente sentou-se na cama e disse que queria falar sobre a sua angústia com a *"doença"* nos rins.

O paciente relatou que após alguns casos de dor aguda e sangue na urina, procurou assistência médica:

*"Na consulta, o Dr. X me assustou muito, disse que eu precisava tratar o mais rápido possível porque o que eu tinha **era câncer e era maligno** [...] como é que um médico fala assim com um paciente? Fiquei muito revoltado!"*.

O paciente continuou o seu desabafo e acrescentou: *"Saí muito nervoso do consultório dele e procurei uma outra médica 'abençoada' que me passou tranquilidade, explicou melhor a doença, com calma, e me encaminhou para um cirurgião."*.

Ao fim da entrevista, o paciente agradeceu aos acadêmicos pela oportunidade em conversar com ele e disse: *"é muito importante os profissionais da saúde conversarem assim como vocês fizeram, dessa forma tão cuidadosa e atenciosa com os seus pacientes"*.

Logo depois, o paciente emitiu uma frase de conteúdo bastante impactante e que, sem dúvida, nos faz refletir sobre a nossa responsabilidade e importância no atendimento ao paciente.

Ele disse aos acadêmicos: *"Vocês que serão médicos, não esqueçam de que o psicológico importa muito na doença e que uma palavra mata mais do que um tiro!"*

A frase **"uma palavra mata mais que um tiro"** é bem marcante, sobretudo vinda de um paciente nessas condições. Ela sugere, a todo profissional da saúde, uma reflexão sobre o uso da empatia, do cuidado e das palavras adequadas no momento de comunicação de uma doença grave ou tratamento.

RESUMINDO

Cada doença em sua especificidade, aliada à complexidade natural de cada ser humano adoecido, nos leva à reflexão sobre a importância deste capítulo, cujas informações devem ser cuidadosamente estudadas e absorvidas, tendo em vista oferecer uma contribuição humanizada que possibilite ao paciente lidar da melhor forma possível com a situação de adoecimento em que se encontra.

Feito isso, os benefícios ao paciente serão muitos, como: sentimentos positivos de bem-estar, melhoria da qualidade de vida, promoção da adesão ao tratamento, fortalecimento do sistema imune etc.

CAPÍTULO 18

SOBRE A MORTE E O MORRER

*Aquilo que verdadeiramente é mórbido não é falar da morte,
mas nada dizer acerca dela, como hoje sucede.
Ninguém está tão neurótico como aquele que considera
ser neurótico decidir-se a pensar sobre o seu próprio fim.*
Philippe Ariès (1914-1984)

O progresso técnico-científico das últimas décadas contribuiu para a mudança de como as pessoas pensam e enfrentam a morte. Atualmente, a expectativa de vida é maior, o que é um avanço muito positivo. Por outro lado, as pessoas estão criando **esperanças irreais sobre o poder da Medicina no prolongamento da vida, aumentando de modo considerável a negação em relação à morte.** Muitas pessoas têm vivenciado perdas significativas e o seu próprio morrer em instituições desprovidas da afetividade das pessoas conhecidas e da intimidade do lar, o que ampliou ainda mais a negação à morte. A morte se tornou, em muitos casos, um ato solitário, mecânico e doloroso (Kovács, 1992).

É preciso mudar a ideia de que a Medicina vai curar a qualquer preço, pois tal pensamento gera muita angústia e sentimento de impotência. Essa é uma reflexão que vem sendo feita por vários autores em várias partes do mundo. Assim, o enfoque exclusivamente curativo está cedendo lugar ao enfoque paliativo, quando o paciente está fora das possibilidades de cuidados terapêuticos. A **medicina paliativa** tem o objetivo de manter ou resgatar a qualidade de vida do paciente terminal (Bromberg *et al.*, 1996).

A tentativa de refletir e discutir sobre a morte e o morrer é vista como algo mórbido e de mau gosto. A cultura ocidental ainda propaga a ideia de que a "morte boa" é aquela que acontece de surpresa, sem que se tenha tempo de percebê-la e, assim, não sofrer qualquer angústia em função do morrer (Kübler-Ross, 2008).

18.1 LIDAR COM A MORTE

As diversas formas de os humanos lidarem com a finitude da vida, por meio de mitos encobrindo e reprimindo a ideia da morte, assumindo uma crença na própria imortalidade **"os outros morrem, eu não"**, é uma tendência nas sociedades avançadas de nossos dias. As pessoas morrem gradualmente: adoecem e envelhecem. **Tornam-se menos sociáveis e calorosas, sem que se extinga a necessidade dos outros.** O isolamento dos moribundos ocorre com mais frequência nas sociedades mais avançadas (Elias, 2001).

O problema social da morte é difícil de resolver porque, para os vivos, é difícil identificar-se com os moribundos. Os seres humanos compartilham muitas coisas com os animais, mas **apenas eles, os humanos, são capazes de prever o seu próprio fim**, cientes de que pode acontecer a qualquer momento. Não é a morte que cria problemas para os seres humanos, mas o conhecimento dela (Elias, 2001).

Kübler-Ross (2008) destaca a relevância da espiritualidade, independentemente de fé religiosa, no enfrentamento da morte. Pessoas que acreditam na existência de um Ser superior e de uma possível continuidade da vida se sentem, de modo geral, mais consoladas e seguras no enfrentamento da morte. **O tipo de personalidade, o estilo de vida e a fase do ciclo vital também influenciam sobremaneira no morrer**, ou seja, o morrer é uma experiência muito particular.

Ao entrar em contato com a morte, o ser humano toma consciência de sua finitude. Isso frequentemente mobiliza a necessidade de fazer algo pela vida, já que ter consciência da temporalidade e finitude é saber que cada instante da vida é único, por isso precisa ser valorizado. Essa consciência aumenta as possibilidades de a pessoa viver uma existência suficientemente autêntica e prazerosa (Kovács, 1992).

A morte é uma grande fragilidade humana, e o que acontece ainda hoje é um despreparo de todos, incluindo os profissionais da saúde frente a essa realidade. As principais defesas usadas nesse enfrentamento são: negação, falso otimismo, superproteção, intelectualização e formação reativa (Kovács, 1992; Kübler-Ross, 2008).

18.2 O INÍCIO DAS INVESTIGAÇÕES SOBRE A MORTE E O MORRER

No outono de 1965, Kübler-Ross e um grupo de quatro estudantes de teologia iniciaram um projeto de pesquisa sobre as "crises da vida humana", e eles eram unânimes em considerar **a morte como a maior crise que o homem enfrenta**. Em seguida, decidiram que a melhor forma de estudar a morte e o morrer era pedir que os pacientes em fase terminal fossem os "professores". Observações e entrevistas seriam os instrumentos para avaliar esses moribundos.

No início, o grupo encontrou muita resistência. Os médicos pareciam evitar ao máximo falar da morte e do morrer, na tentativa de proteger seus pacientes dessa traumática experiência. Entretanto, aos poucos, foram percebendo pacientes que davam sinais de que estavam ansiosos para falar. Alguns não eram muito acolhedores, a princípio. Começavam queixando-se de seu sofrimento, de seu desconforto, de suas mágoas, até falarem de sua agonia.

Após a entrevista com o paciente, o grupo discutia as diversas reações emocionais observadas, as diferentes perguntas e abordagens utilizadas para, finalmente, buscar uma compreensão psicodinâmica dessa comunicação (Kübler-Ross, 2008).

Dois anos depois de ter sido criado, esse projeto passou à categoria de curso na Escola de Medicina e no Seminário de Teologia de Chicago. Passou a ser frequentado também por inúmeros profissionais, entre eles, médicos visitantes, enfermeiras, ajudantes de enfermagem, assistentes sociais, padres, rabinos e outros que estivessem interessados. Havia uma aula teórica em que eram tratadas questões teóricas, filosóficas, morais, éticas e religiosas (Kübler-Ross, 2008).

O projeto nasceu de um grupo informal de quatro estudantes, conduzido por Kübler-Ross, que, em dois anos, aumentou para 50 pessoas, formado por membros de todas as profissões auxiliares (Kübler-Ross, 2008).

18.3 OS CINCO ESTÁGIOS DIANTE DA MORTE E DO MORRER

Elisabeth Kübler-Ross (2008), psiquiatra suíço-americana, em seu livro *Sobre a morte e o morrer (On death and dying – 1ª edição em 1981)*, expõe a investigação com mais de duzentos pacientes moribundos. Ela avaliou o modo como eles lidavam com a proximidade da morte. Em sua famosa obra, a autora apresenta os estágios pelos quais os pacientes passavam diante do seu luto, ou seja, o **sentimento de perda** da saúde.

Kübler-Ross conta que todos os pacientes reagiam quase da mesma forma em relação às más notícias, isto é, com choque e descrença. Ela relata também que muitos pacientes faziam uso da **negação**, que podia durar alguns segundos até muitos meses. Depois, surgia a **raiva** e a **revolta**, que se manifestavam de maneira diversa, tal como a inveja daqueles que estavam sadios e que podiam viver e agir como quisessem. Em seguida, manifestavam o estágio da **barganha**, seguido pela **depressão** e depois a **aceitação final**.

Esses estágios são padronizados, mas não são lineares, ou seja, podem ir e voltar. Eles podem se sobrepor ou serem vivenciados de maneiras diferentes. A experiência do luto é individual e única, e cada pessoa vive cada luto de acordo com a sua história de vida e competências emocionais. Além disso, a **aceitação final** não significa que a pessoa não sente saudade ou dor, mas sim que ela conseguiu seguir em frente e transformar a perda.

Após discutir os diferentes estágios pelos quais as pessoas passam ao se defrontarem com o adoecimento por doenças graves, Kübler-Ross (2008) indica a única coisa que geralmente persiste em todos os estágios e a **chama da esperança**, que é a sensação de que tudo deve ter algum sentido, que pode compensar, caso suportem a doença por mais um tempo. Ou seja, a esperança de que tudo não passa de um pesadelo irreal, de que acorde um dia com a notícia de que os médicos estão prontos para tentar um novo medicamento que seja promissor.

A seguir, os **cinco estágios do luto** formulados por Kübler-Ross (2008). Tais estágios representam as reações psíquicas do paciente ao lidar com a perspectiva da morte, seja na vivência de um adoecimento grave ou em fase terminal de uma doença:

PRIMEIRO ESTÁGIO: NEGAÇÃO E ISOLAMENTO

"Não, eu não. Não pode ser verdade". Essa reação pode surgir tanto no paciente que recebe, de início, o diagnóstico de uma doença grave, quanto naquele que passa a saber da sua doença mais tarde, por conta própria.

A **negação funciona como um para-choque** após um diagnóstico inesperado e chocante, deixando que o paciente se recupere com o tempo, mobilizando outras reações psíquicas menos radicais. A pessoa se nega a acreditar no que aconteceu e tenta não entrar em contato com a realidade, preferindo não falar sobre o assunto. É uma fase de dor intensa e dificuldade para lidar com a sua nova condição.

Entretanto, isso não significa que o mesmo paciente não queira ou não se sinta aliviado em poder sentar-se mais tarde e conversar com alguém sobre o impacto emocional sofrido e a possibilidade de sua morte. Esse diálogo deverá acontecer conforme a conveniência do paciente, quando ele (e não o interlocutor) estiver preparado para falar.

A negação e o isolamento são **mecanismos de defesas temporários do Ego contra a dor psíquica diante da morte.** A intensidade e duração desses mecanismos de defesa acontecem conforme a estrutura psíquica da pessoa que sofre com a nova realidade. Em geral, a negação e o isolamento não devem persistir por muito tempo, mas se isso acontecer, uma ajuda psicoterapêutica deve ocorrer, para a proteger do paciente.

Em todo paciente existe, vez por outra, a necessidade da negação, mais frequente no começo de uma doença séria do que no fim da vida. Posteriormente, essa necessidade vai e volta. É preciso perceber essa condição, deixando que o paciente faça uso de suas defesas sem se conscientizar de suas contradições.

SEGUNDO ESTÁGIO: RAIVA/REVOLTA

A frase ouvida: ***"Por que eu?"*** contrasta com o estágio da negação. É muito difícil para a família e para o pessoal hospitalar lidar com o estágio da raiva. Deve-se isso ao fato de esta raiva se propagar em todas as direções e projetar-se no ambiente, muitas vezes sem razão plausível.

Para o paciente nesse estágio, os médicos não prestam e não sabem como tratar a doença. Na maioria das vezes, os enfermeiros são alvo constante da raiva dos pacientes; assim que deixam o quarto, a campainha toca de novo; quando vão arrumar a cama e fofar os travesseiros, são acusados de jamais deixá-los em paz etc. As visitas dos familiares são recebidas com pouco entusiasmo e sem expectativa, transformando-se em penoso encontro. A reação dos parentes é de choro e pesar, culpa ou humilhação; ou, então, evitam visitas futuras.

O problema aqui é que poucos se colocam no lugar do paciente e perguntam de onde pode vir essa raiva. Talvez ficássemos também com raiva se fossem interrompidas tão prematuramente as atividades de nossa vida; se todos os projetos de vida que um dia começamos tivessem de ficar inacabados; se tivéssemos economizado um dinheiro suado, para desfrutar mais tarde de alguns anos de descanso e prazer e, no fim nos deparássemos com o fato de que *"isso não é para mim"*. Que faríamos de nossa raiva, senão extravasá-la naqueles que provavelmente desfrutarão de tudo isso?

O fato é que o motivo da raiva do paciente nada ou pouco tem a ver com as pessoas em quem é descarregada. Reagindo pessoalmente a essa raiva, a família, os enfermeiros, ou quem quer que seja, por sua vez, retribui igualmente com raiva, alimentando o comportamento hostil do paciente.

A raiva surge devido à **impossibilidade do Ego em manter a negação e o isolamento**. Como consequência, os relacionamentos se tornam problemáticos e todo o ambiente é hostilizado pela revolta de quem sabe que vai morrer. Junto com a raiva, também surgem os sentimentos de revolta, inveja e ressentimento.

Nessa fase, a dor psíquica do enfrentamento da morte se manifesta por atitudes agressivas e de revolta: *"Por que comigo?"*. A revolta pode assumir proporções quase paranoides: *"Com tanta gente ruim pra morrer, por que eu? Eu que sempre fiz o bem, sempre trabalhei e fui honesto."*.

TERCEIRO ESTÁGIO: BARGANHA

O estágio da barganha é considerado útil ao paciente. Ele deixa de lado a negação e o isolamento e, "percebendo" que a raiva também não resolveu, entra no terceiro estágio: a barganha (troca). A maioria dessas barganhas é feita com Deus e, normalmente, mantida em segredo. O pensamento é: *"Se Deus decidiu levar-me deste mundo e não atendeu a meus apelos cheios de ira, talvez seja mais benevolente se eu apelar com calma"*. Uma reação semelhante acontece com os nossos filhos quando querem alguma coisa: primeiro exigem. Podem não aceitar o nosso *"não"*. Então, zangam-se e batem os pés, depois pedem "por favor" e dizem: *"Se eu ficar bonzinho a semana toda, você deixa eu fazer o que pedi?"*.

O paciente em fase terminal usa do mesmo expediente. Graças a experiências anteriores, ele sabe que existe uma leve possibilidade de ser recompensado por um bom comportamento e receber, em troca, um prêmio que ele próprio (paciente) estabelece: a recuperação da sua saúde.

A pessoa implora que Deus aceite sua "oferta" em troca da vida, por exemplo, sua promessa de uma vida dedicada à igreja, aos pobres, à caridade etc. **A barganha é uma tentativa de adiamento**. Nessa fase, o paciente se mantém sereno, reflexivo e dócil (não se pode barganhar com Deus ao mesmo tempo em que se hostiliza pessoas).

QUARTO ESTÁGIO: DEPRESSÃO

Quando o paciente em fase terminal não pode mais negar sua doença, quando é forçado a submeter-se a mais uma cirurgia ou hospitalização, quando começa a apresentar novos sintomas e tornar-se mais debilitado e mais magro, não pode mais esconder a doença. Sua revolta e raiva cederão lugar a um sentimento de grande perda. Essa perda pode apresentar muitas facetas: uma mulher com câncer de mama pode reagir à perda de sua imagem; uma mulher com câncer do útero pode sentir que não é mais mulher. São muitas as perdas que tais pacientes têm de suportar.

Então, a depressão aparece quando o paciente toma consciência de sua debilidade física, quando já não consegue negar suas condições de doente, quando as perspectivas da morte são claramente sentidas. Evidentemente, negar não adiantou, agredir e se revoltar também não, e fazer barganhas não resolveu. Surge, então, um sentimento de grande perda. É o sofrimento e a dor psíquica de quem percebe a realidade tal como ela é realmente, é **a consciência plena de que nascemos e morremos sozinhos**. Aqui a depressão assume um quadro clínico mais típico e característico: desânimo, desinteresse, apatia, tristeza, choro etc.

Nessas situações, é possível identificar e classificar dois tipos de depressão nesse paciente, que devem ser tratadas de formas diferentes:

a. A primeira é a **depressão reativa.** Um tipo de depressão que surge como reação ou resposta a um estressor externo (a doença e a sua gravidade). Está relacionada com sentimentos de angústia, impotência e falta de esperança. O paciente se sente incapaz de conviver com a própria doença.

O tratamento deve ocorrer de forma específica, por exemplo: uma mulher que se mostra preocupada por não se sentir mais mulher, após uma mastectomia radical, pode ser elogiada por alguma característica essencialmente feminina; pode ser tranquilizada porque continua mulher tanto quanto antes da operação. A prótese de mama tem colaborado muito para a autoestima de pacientes com câncer de mama.

b. A segunda é a **depressão preparatória.** Leva em conta as perdas iminentes com a proximidade da morte. É caracterizada pelo sentimento de tristeza persistente e **anedonia**, que é a falta de interesse em qualquer atividade.

Nesse estágio, há pouca ou nenhuma necessidade de palavras. O paciente está na iminência de perder tudo e todos a quem ama. Ao deixarmos que exteriorize seu pesar, aceitará mais facilmente a situação e ficará agradecido aos que puderem estar com ele nesse estado de depressão, sem insistirmos constantemente que ele não fique triste. Aqui, o encorajamento e a confiança não têm razão de ser. Nesse caso, deixar que o paciente exteriorize seu pesar fará com que aceite mais facilmente a situação e ficará agradecido aos que puderem estar com ele nesse estado de depressão.

No pesar preparatório há pouca ou nenhuma necessidade de palavras. É mais um sentimento que se exprime mutuamente, traduzido, em geral, por um toque carinhoso de mão, um afago nos cabelos, ou apenas por um silencioso "sentar-se ao lado". É a hora em que o paciente pode pedir para rezar e começa a se ocupar com coisas que estão à sua frente e não com as que ficaram para trás. Tentar reanimá-lo nesse momento retarda a sua preparação emocional em vez de incentivá-la.

QUINTO ESTÁGIO: ACEITAÇÃO

Nesse estágio, o paciente já não experimenta o desespero e nem nega sua realidade. **Esse é um momento de repouso e serenidade** antes da **longa viagem**. Nesse momento, é como se a dor tivesse se esvanecido, a luta tivesse cessado e fosse chegado o momento de **"repouso derradeiro antes da longa viagem"**. É também o período em que a família geralmente carece de ajuda, compreensão e apoio, mais do que o próprio paciente: à medida que ele, às vésperas da morte, encontra uma certa paz e aceitação, seu círculo de interesse diminui. E deseja que o deixem só, ou pelo menos que não o perturbem com notícias ou problemas do mundo exterior. Os visitantes quase sempre são indesejados e o paciente já não sente mais vontade de conversar com eles. É provável que só segure a mão de um parente próximo, num pedido velado de que fiquem em silêncio. A presença da família pode até ser uma garantia de que ficarão por perto até o fim. Isso pode dar ao paciente a certeza, quando não puder mais falar, de que não foi abandonado, e um leve aperto de mão, um olhar, um recostar no travesseiro podem dizer mais do que muitas palavras proferidas.

É necessário melhorar a qualidade da morte e que o paciente alcance esse estágio de aceitação em paz, com dignidade e bem-estar emocional. Assim ocorrendo, o processo até a morte pode ser experimentado com serenidade por parte do paciente e, pelo lado **"dos que ficam"**, de conforto, compreensão e colaboração para com o paciente.

18.4 UM POUCO SOBRE CUIDADOS PALIATIVOS

O paciente é um ser humano que vive um emaranhado de emoções, que incluem ansiedade, luta pela vida, dignidade e conforto, **além do acentuado medo de enfrentar sua finitude.** A fase terminal de uma doença requer uma atenção maior não só para o paciente, mas para seus familiares e a equipe de saúde. O paciente teme a separação, o abandono, a dor, o sofrimento e a angústia, pois a morte é previsível em curto prazo (Angerammi-Camon, 1984).

Muitas vezes o que o paciente mais precisa não é de cuidados terapêuticos medicamentosos, mas sim de **apoio existencial, palavras de conforto, contato físico, alguém que o escute com atenção**, enfim, necessita sentir-se uma pessoa com significação existencial própria (Angerammi-Camon, 1984). Nesse momento, muitos desejos dos pacientes podem ser executados com facilidade, como a visita de alguém em especial, ou comer uma determinada comida, por exemplo.

Diante desse processo, os cuidados paliativos surgem para **o alívio do sofrimento do paciente que se encontra em fase terminal**, quando os cuidados já não têm função curativa, mas de buscar melhor qualidade de vida para o paciente e sua família. Nessa fase, as intervenções visam minimizar os sintomas da doença, principalmente a dor, preservando a dignidade do paciente e respeitando o processo de morrer, além de auxiliar a família na elaboração do luto (Kovács, 1998).

A preocupação com o cuidado, buscando o conforto, a comunicação e a aceitação transforma o conceito de morte, valorizando o tempo que o paciente tem de vida. O cuidado, respeitando as necessidades físicas, emocionais e espirituais, modifica a relação entre equipe, paciente e familiar, tornando o atendimento mais humanizado. O diálogo franco entre o paciente e a equipe pode ser positivo para o tratamento, pois o paciente se mostra capaz de tomar decisões tendo seus valores e crenças respeitados (Kübler-Ross, 2008).

A questão crucial em cuidados paliativos é a qualidade de vida em questão, e não apenas o tempo atribuído a ela. Com foco no controle da dor e alívio de sintomas, os cuidados paliativos significam cuidados integrais e contínuos oferecidos aos pacientes e familiares, para que depois do diagnóstico de uma doença crônica, que poderá evoluir, ele possa viver atenuado em seu sofrimento; seja ele físico, psicológico e/ou espiritual e o de sua família, parte integrante do cuidado (Melo; Caponero, 2009).

"O sofrimento só é intolerável quando ninguém cuida."
Cicely Saunders (1918-2005)

CONSIDERAÇÕES FINAIS

Só há duas maneiras de viver a vida:
a primeira é vivê-la como se os milagres não existissem.
A segunda, é viver como se tudo fosse milagre.
(Albert Einstein, 1879-1955)

Com este livro, procurei mostrar a trajetória bem-sucedida de atendimentos e atenção ao paciente impactado pelo seu adoecimento e hospitalização, tentando compreender o quão difícil é para uma pessoa se sentir **retirada da sua vida**, da sua família, seu trabalho e seu dia a dia e ficar longe da sua casa, nas mãos de pessoas que ela desconhece e, muitas vezes, sem saber por quanto tempo.

Assim é a vida! Coloca o ser humano diante de situações difíceis, as quais ele nunca antes imaginou. Então, o que fazer com esse turbilhão que chega sem avisar e desorganiza tudo na vida dessa pessoa?

A resposta pode estar num atendimento hospitalar que inclua: **cuidado humanizado, empatia, acolhimento, carinho e muito amor pelo ser humano**, entre outras coisas boas que possam ser oferecidas a outro ser humano nessas condições de fragilidade.

Diante desse cenário, desejo que todo o material aqui apresentado tenha provocado a curiosidade do leitor em relação aos temas da **Psicologia da saúde no contexto hospitalar**, que tantos benefícios podem proporcionar ao paciente.

Espero ter cumprido a minha proposta inicial, que foi passar o meu conhecimento e uma experiência bem-sucedida na atuação da Psicologia Médica, em suas diferentes aplicabilidades, seja na formação de profissionais da saúde como, também, para profissionais da saúde já atuantes no atendimento ao ser humano hospitalizado.

Para além disso, que eu possa ter despertado, em cada leitor, o desejo de buscar e ampliar o seu conhecimento sobre os assuntos aqui expostos e, que mais interesse apresentaram para a sua área de atuação, enriquecendo cada vez mais as suas aptidões nessa bela e humana jornada de atendimento ao paciente hospitalizado, seja ele criança, jovem, adulto ou idoso, nas mais diferentes áreas da saúde.

ANEXO I

PROTOCOLO DE ENTREVISTA PSICOLÓGICA-CLÍNICA COM O PACIENTE INTERNADO

Durante a entrevista:

Usar linguagem simples e apropriada com o paciente que está sendo entrevistado, para facilitar o entendimento, do que é dito, para ele (evitar o uso termos muito técnicos).

INÍCIO: Cumprimentar o paciente. Ser cordial, mas sem ser efusivo:

"Olá, como está o Sr.(a)/você hoje?"

"Sou o profissional X. O Sr.(a)/você pode conversar um pouco comigo?"

---

1. Identificação do paciente: perguntar o nome, idade, grau de instrução, profissão, religião, estado civil.

2. Onde nasceu? Vive na cidade? No campo?

3. Você já mexeu com algum tipo de veneno? Qual? (fertilizante ou outro?) Qual a frequência de uso? Usava proteção?

4. Faz uso de álcool? Qual a quantidade por semana? Há quanto tempo?

5. Faz uso de cigarro? Tipo de cigarro? Quantos cigarros ao dia? Há quanto tempo?

6. Por que você foi internado? Qual é o seu diagnóstico? Quem deu o diagnóstico?

7. Como você se sentiu ao saber o diagnóstico? Você queria saber, ou não? Por quê?

8. Qual é o tipo de tratamento que você está fazendo?

9. Por que você acha que ficou doente?

10. O que significa esta doença para você?

11. Depois de ficar doente, o que é que mudou na sua vida?

12. E como tem sido o seu relacionamento com a Família? Com os Amigos? E no Trabalho?

13. Como é que você vê a sua vida hoje? Mudou alguma coisa?

14. Hoje, você é a mesma pessoa que você era antes de ficar doente? Por quê?

15. Tem problemas para dormir? (*Não, às vezes, sempre*)... No início da noite / no meio / ou no fim?

16. Tem vontade de comer? (ou) Tem se alimentado bem? (*Não, às vezes, sempre*)

> 17. Tem chorado? (ou) Tem vontade de chorar? (*Não, às vezes, sempre*)... Em que momentos?
>
> 18. Tem se sentido triste? (*Não, às vezes, sempre*)... Em que momentos?
>
> 19. Existem coisas que você gostava de fazer antes e que hoje não gosta mais? Por quê?
>
> 20. Você sente dor? Em caso afirmativo: Em que momentos? Qual a intensidade da dor? (veja a Escala de Intensidade da dor abaixo sugerida)
>
> 21. O que você faz quando sente essa dor? (quais as reações...)
>
> **ENCERRAMENTO:** agradecer pela atenção do paciente em conversar e despedir-se.

Sobre o Protocolo de Entrevista:

1. O Protocolo está estruturado em partes estratégicas, para possibilitar uma compreensão geral do caso, em que o paciente é o personagem central.

2. Cada grupo de perguntas tem por objetivo viabilizar informações específicas e relevantes sobre o paciente:

Perguntas:	Objetivos a saber sobre o paciente:
1, 2	Identificação e seus dados.
3, 4, 5	Estilo de Vida.
6, 7, 8, 9, 10	A doença, o tratamento, a opinião sobre o adoecimento e o significado da doença.
11, 12, 13, 14	Impactos da doença sobre vida, nas relações com: a família, o trabalho, os amigos e consigo mesmo.
15, 16, 17, 18, 19	Impactos da doença sobre o comportamento e hábitos de vida.
20, 21	Presença ou não da dor e suas reações.

Escala da dor

Trata-se de uma ferramenta usada em hospitais e consultórios médicos para possibilitar ao profissional da saúde, avaliar a intensidade da dor no paciente, assim como a ocasião e os motivos pelas quais ela ocorre.

Ao conhecer e avaliar a dor no paciente, o médico e/ou a equipe médica tem melhores condições de elaborar tratamentos mais adequados à condição dolorosa, servindo como medida para basear a conduta terapêutica.

Existem diversas escalas de dor, que podem ser usadas com o paciente. Algumas são mais detalhadas e outras mais simples. A escala sugerida a seguir é bastante simples. Pode ser impressa em um pequeno pedaço de papel, para ser utilizada facilmente numa entrevista ou conversa com o paciente. Entretanto, o entrevistador poderá usar qualquer outra escala de sua preferência.

Figura 3 – Escala de intensidade da dor

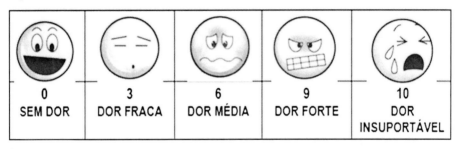

Fonte: a autora

ANEXO II

ASPECTOS PSICOLÓGICOS FREQUENTEMENTE OBSERVADOS EM PACIENTES INTERNADOS, DURANTE OS ATENDIMENTOS

ASPECTO PSICOLÓGICO	SIGNIFICADO:
1. Aceitação	• Compreensão de um fato ou desistência do enfrentamento (da luta).
2. Agressividade/ Hostilidade	• Pode surgir por meio de palavras hostis dirigida aos membros da equipe de saúde, quando o doente se sente à frente de um fato que o fragiliza, sem que tenha o suporte interno necessário para o seu manejo.
3. Ansiedade	• Previsão subjetiva de acontecimentos negativos → direcionada ao futuro
4. Anedonia	• Falta de satisfação e/ou interesse em realizar certas atividades que antes eram consideradas agradáveis/prazerosas → sintoma típico da Depressão.
5. Autonomia (ou falta de)	• Refere-se à capacidade (ou a falta dela) em que cada ser humano possui em fazer escolhas sobre sua própria vida, conforme sua vontade e convicções.
6. Barganha	• O doente faz pacto com Deus e propõe uma troca: uma promessa pela cura.
7. Catastrofização	• Visão negativa do futuro → pensamento distorcido.
8. Culpa	• Decorre do julgamento negativo da pessoa em relação a si mesmo, por algo que fez ou deixou de fazer (ego x superego) → pensamento distorcido
9. Desamparo	• Sentimento doloroso de não ter com quem contar, ou de ausência de ajuda, como possibilidade afetiva pra si.

ASPECTO PSICOLÓGICO	SIGNIFICADO:
10. Depressão	• Doença psíquica → sintomas de tristeza profunda, baixa autoestima e anedonia, entre outros.
11. Emoções negativas	• Produção de cortisol e outros hormônios do estresse → desequilibram a homeostase e desencadeiam doenças.
12. Emoções positivas	• Produção de endorfinas → potencializam a saúde.
13. Enfrentamento	• Administração adequada das demandas emocionais diante do adoecimento.
14. Estilo de vida	• Envolve: regulação emocional, alimentação saudável, atividade física e autocuidado.
15. Estresse	• Produção de cortisol e outros hormônios do estresse → desequilibra a homeostase e desencadeia doenças.
16. Filtro mental	• Considera apenas os aspectos negativos das situações → pensamento distorcido.
17. Ganhos secundários	• Benefícios que uma doença pode dar ao paciente, justificando o desejo (inconsciente) deste paciente em continuar doente (ex. não trabalhar, não estudar, etc.)
18. Imagem corporal	• A representação mental que cada pessoa faz do seu próprio corpo.
19. Isolamento social/Solidão	• Afastamento do contato com outras pessoas (somos seres sociais) → Os resultados são inespecíficos / leva em conta a estrutura psíquica de cada indivíduo.
20. Medo da morte	• A morte evoca no ser humano a possibilidade de *"não-mais--ser-aí-no-mundo"* (Heidegger, 2009) → angústia, ansiedade e sofrimento psíquico.
21. Negação / esquiva	• Recusa, inconsciente, em aceitar um fato (diagnóstico) que pode trazer dor ou sofrimento emocional ao indivíduo → é um mecanismo de defesa.
22. Regressão	• Reversão temporária (ou a longo prazo) do ego para estágios anteriores de desenvolvimento → é um mecanismo de defesa.

ASPECTO PSICOLÓGICO	SIGNIFICADO:
23. Rejeição	• Sentir-se sozinho e abandonado → sofrimento psíquico, vazio existencial. Pode prejudicar na adesão e/ou recuperação do doente.
24. Religiosidade/ Espiritualidade	• Atribuir significado ao adoecimento com o suporte e auxílio de um ser divino/superior → suporte que fortalece o indivíduo.
25. Resiliência	• Capacidade de "dar a volta por cima" diante de um problema.
26. Ressignificação da vida	• Uma perspectiva positiva no adoecimento. O paciente passa a dar novo sentido à vida em diferentes aspectos → fortalece o indivíduo.
27. Revolta / Raiva *(com ou sem deslocamento)*	• Sentimento agressivo de não-aceitação diante de um fato (doença) → o doente manifesta a sua raiva/agressividade contra Deus, profissionais da saúde e/ou familiares, culpando-os pela sua doença **(deslocamento).**
28. Tristeza	• Estado afetivo identificado pela falta de alegria e pela melancolia.
29. Sensibilidade	• Percepção emocional aguçada a respeito dos acontecimentos.
30. Super generalização	• Conclusão negativa radical que vai muito além da situação atual em questão.
31. Suporte Familiar	• O apoio emocional dos familiares é fundamental no bem-estar psicológico e biológico da pessoa adoecida → a sua falta pode gerar a depressão.
32. Suporte Social	• O apoio emocional dos amigos contribui para a resistência ou vulnerabilidade do paciente em sua vivência com a doença.
33. Vitimização	• A pessoa tende a sentir-se vítima e não responsável pela sua vida e/ou escolhas. Reage culpando os outros pela sua má sorte na vida.

Fonte: a autora. Resultado da escuta durante os atendimentos aos pacientes internados nas Alas de Oncologia, Cardiologia e Nefrologia da Santa Casa de Ponta Grossa (PR).

REFERÊNCIAS

ABBAS, A. K.; LICHMAN, A. H.; PILLAI, S. **Imunologia celular e molecular**. 6. ed. Rio de Janeiro: Elsevier, 2008.

ABERASTURY, A.; KNOBEL, M. **Adolescência normal**: um enforque psicanalítico. 10. ed. Porto Alegre: Artmed, 1992.

ANGERAMI-CAMON, V. A. (org.) *et al.* **E a psicologia entrou no hospital...** São Paulo: Pioneira Thomson Learning, 2003.

ANGERAMI-CAMON, V. A. (org.). **Psicologia da saúde:** um novo significado para a prática clínica. São Paulo: Pioneira Thomson Learning, 2002.

ANGERAMI-CAMON, V. A. **Existencialismo e psicoterapia**. São Paulo: Traço, 1984.

APA – American Psychological Association. **Manual diagnóstico e estatístico de transtornos mentais DSM-5**. Trad. Maria Inês Corrêa Nascimento 5. ed. Porto Alegre: Artmed, 2014.

ARAÚJO, M. M. T.; SILVA, M. J. P. Cuidados paliativos na UTI: possibilidade de humanização do processo de morrer. **Revista da Sociedade Brasileira de Cancerologia (RSBC)**, São Paulo, v. 3, n. 11, 2006.

ATKINSON, R. L. *et al.* **Introdução à psicologia de Hilgard.** 13. ed. Porto Alegre: Artmed, 2002.

BALINT, M. **O médico, seu paciente e a doença**. São Paulo: Atheneu, 1988.

BALLONE, G. J. Da emoção à lesão in: **PsiqWeb Psiquiatria Geral**. São Paulo, 2001. Disponível em: http://gballone.sites.uol.com.br/psicossomatica/raiva. html. Acesso em 26 dez. 2006.

BAPTISTA, M. K.; DIAS, R. R. **Psicologia hospitalar:** teoria, aplicações e casos clínicos. 2. ed. Rio de Janeiro: Guanabara, 2010.

BASTOS C. L. **Manual do exame psíquico:** uma introdução prática à psicopatologia. 2. ed. Rio de Janeiro: Revinter, 2000.

BAUER, M. E. Estresse: como ele abala as defesas do organismo. **Ciência Hoje**, Rio Grande do Sul, v. 30, n. 179, p. 20-25, jan./fev., 2002.

BECKER, D. **O que é adolescência**. 13. ed. São Paulo: Brasiliense, 1994.

BITTENCOURT, F. **Estresse:** o mal do século, 2011. Disponível em: http://psiquecienciaevida.uol.com.br/ESPS/Edicoes/63/artigo211972-1.asp Acesso em 17 jun. 2013.

BRAGHIROLLI, E. M. *et al.* **Psicologia geral.** Porto Alegre: Vozes, 2007.

BRASIL. **Estatuto da Pessoa Idosa.** Lei 14.423/2022. Diário Oficial da União (DOU). Brasília, 22 jul. 2022.

BRASIL. **Constituição da República Federativa do Brasil.** Brasília: Congresso Nacional, 1988. Disponível em: http://www.planalto.gov.br/ccivil_03/constituicao/constituicaocompilado.htm. Acesso em: 18 mar. 2015.

BRASILEIRO FILHO, G. **Patologia.** 6. ed. Rio de Janeiro: Guanabara Koogan, 2000.

BROMBERG, M. H. P, F. *et al.* **Vida e morte:** laços da existência. São Paulo: Casa do Psicólogo, 1996.

CALDAS, C. P.; TEIXEIRA, P. C. O idoso hospitalizado sob o olhar da teoria de enfermagem humanística. **Ciênc. Cuid. Saúde,** v. 11, n. 4, p. 748-757, out/dez. 2012.

CANO-VINDEL, A. TOBAL, M. J. J. **Emociones negativas (ansiedad, depresión e ira).** *In*: CONGRESSO VIRTUAL DE PSIQUIATRIA, 1., 2000, *on-line.* Conferencia 28-CI-A. Disponível em: https://psiquiatria.com/bibliopsiquis/emociones-negativas-ansiedad-depresion-e-ira-y-salud. Acesso em: 26 dez. 2006.

CANO-VINDEL, A.; SIRGO, A.; DIAZ, M. B. O. Control, defensa y expresion de emociones: relaciones con salud y enfermedad. *In:* FERNANDEZ-ABASCAL, E. G.; PALMERO, F. **Emociones y salud.** Barcelona: Ariel, 1999.

CARVALHO, V.A. *et al.* (org.). **Temas em psico-oncologia.** São Paulo: Summus, 2008.

CAVALCANTI, D. R. Comunicação do diagnóstico e doença grave (câncer) ao paciente: quem? quando? como? por quê? **Pan-American Family Medicine Clinics,** Houston (TX), v. 1, p. 41-44, 2005.

CLARK, D. A.; BECK, A.T. **Vencendo a ansiedade e a preocupação com a terapia cognitivo-comportamental.** Porto Alegre: Artmed, 2012.

D'ANDREA, F. F. **Desenvolvimento da personalidade.** 17.ed. Rio de Janeiro, 2006.

DAVIDOFF, L. **Introdução à Psicologia.** 3. ed. São Paulo: Makron Books, 2001.

DELVES, P. J. *et al.* **Fundamentos de imunologia.** 4. ed. Rio de Janeiro: Guanabara Koogan, 2013.

DHABHAR, F. S. Enhancing versus Suppressive Effects of Stress on Immune. **Allergy, Asthma & Clinical Immunology,** Stanford, v. 4, n. 1, p. 2-11, mar., 2008.

ELIAS, N. **A solidão dos moribundos:** seguido de envelhecer e morrer. Rio de Janeiro: Sindicato nacional dos editores de livros, 2001.

ERIKSON, E. H. **O ciclo da vida adulta.** Versão ampliada. Joan M. Erikson. Porto Alegre, Artmed, 1998.

ERIKSON, E. H. (1968). **Identidade juventude e crise.** 2. ed. Rio de Janeiro. Zahar. 1976.

FILGUEIRAS, M. S. T.; RODRIGUES, F. D.; BENFICA, T. M. S. (org.) **Psicologia hospitalar e da saúde:** consolidando práticas e saberes na residência. Petrópolis: Vozes, 2010.

FONSECA, R. C. V. **Contributos da psico-oncologia para o reposicionamento do adolescente com câncer e depressão.** Tese (Doutorado em biotecnologia aplicada à saúde da criança e do adolescente) – Curitiba: Faculdades Pequeno Príncipe, 2010.

FOX, S. I. **Fisiologia humana.** 7. ed. São Paulo: Manole, 2007.

FRANKL, V. **Em busca de sentido.** 24. ed. São Leopoldo: Sinodel/Vozes, 1985.

FREITAS, E. V. *et al.* **Manual prático de geriatria.** Rio de Janeiro: A. C. Farmacêutica, 2012.

FREUD, A. **O ego e os mecanismos de defesa.** Trad. Francisco Settineri. Porto Alegre: Artmed, 2006.

GAMARRA, L. M.; CREPALDI, M. A. Aspectos psicológicos da cirurgia de amputação. **Aletheia,** Canoas (RS), n. 30, p. 59-72, dez., 2009.

GAZZANIGA, M. S.; HEATHERTON, T. F. **Ciência psicológica:** Mente, cérebro e comportamento. Porto Alegre: Artmed, 2005.

GENTIL, V. Ansiedade e transtornos ansiosos. *In:* GENTIL V.; LOTUFO-NETO F.; BERNIK M. A. **Pânico, Fobias e obsessões.** São Paulo, Edusp. 3. ed., 1997.

GOMES, C. H. R; SILVA, P. V.; MOTA, F. F. Comunicação do diagnóstico de câncer: análise do comportamento médico. **Rev. Bras. de Cancerologia**, v. 55, n. 2, p. 139-143, 2009.

GUYTON N; ARTHUR C.; HALL, J, E. **Tratado de fisiologia médica**. 11. ed. Rio de Janeiro: Elsevier, 2006.

HEIDEGGER, M. **Ser e Tempo**. 4. ed. Tradução rev. de Márcia de Sá Cavalcante Schuback. Petrópolis: Vozes, 2009.

IAMIN, S. R. S. **Mudando o caminho da ansiedade**. 2. ed. Curitiba: Appris, 2015.

INSTITUTO BRASILEIRO DE GEOGRAFIA E ESTATÍSTICA. Censo 2022. Número de pessoas idosas cresceu. **Agência IBGE de Notícias**, Brasília, DF: IBGE, 2023. Disponível em: https://agenciadenoticias.ibge.gov.br/agencia-noticias/2012-agencia-de-noticias/noticias/38186-censo-2022-numero-de-pessoas-com-65-anos-ou-mais-de-idade-cresceu-57-4-em-12-anos. Acesso em: 8 dez. 2024.

KALINA, E.; GRYNBERG, H. **Aos pais de adolescentes:** viver sem drogas. Rio de Janeiro: Record, 1999.

KNOBEL, E. **Psicologia e humanização**: assistência aos pacientes graves. São Paulo: Atheneu, 2008.

KOVÁCS, M. J. Autonomia e o direito de morrer com dignidade. **Revista Bioética**, Brasília, DF, v. 6, n. 1, 1998. Disponível em: http://www.jovensmedicos.org.br/index.php/revista_bioetica/article/view/326/394. Acesso em: 7 dez. 2024.

KOVÁCS, M. J. (org.). **Morte e desenvolvimento humano**. 3. ed. São Paulo: Casa do Psicólogo, 1992.

KÜBLER-ROSS, E. **Sobre a morte e o morrer**. 9. ed. São Paulo: Martins Fontes, 2008.

KUMON, M. T.; SILVA, V. P.; SILVA, A. I. Centenários no mundo: uma visão panorâmica. **Revista Kairós**, São Paulo, v. 12, n. 1, p. 213-232, jan. 2009.

LEAHY, R.; TIRCH, D.; NAPOLITANO, L. **Regulação emocional em psicoterapia:** um guia para o terapeuta cognitivo-comportamental. Porto Alegre: Artmed, 2013.

MAIA, A. C. Emoções e sistema imunológico: um olhar sobre a psiconeuroimunologia. **Psicologia:** teoria da investigação e prática, Braga, Portugal, v. 2, p. 207-225, 2002.

MELLO FILHO, J. **Psicossomática hoje**. Porto Alegre: Artes Médicas, 1992.

MELO, A. G. C.; CAPONERO, R. Cuidados paliativos: abordagem contínua e integral. *In:* SANTOS, Franklin Santana (org.). **Cuidados paliativos**: discutindo a vida, a morte e o morrer. São Paulo: Atheneu, 2009. Cap. 18, p. 257-267.

MIGUEL, F. B. Psicologia das emoções: uma proposta integrativa para compreender a expressão emocional. **Psico-USF**, Bragança Paulista, v. 20, n. 1, p. 153-162, jan./abr. 2015.

MINISTÉRIO DA SAÚDE (MS). **Saúde integral do adolescente e jovens**. Brasília, 2015. Disponível em: https://bvsms.saude.gov.br/bvs/publicacoes/saude_adolescentes_jovens.pdf. Acesso em: 19 jul. 2023

MONTGOMERY, G. H. Cognitive fatctors in health psychology and Behavioral Medicine. **Journal of Clinical Psychology**, Columbus, OH (USA), v. 60, n. 4, p. 405-413, 2004.

MORRIS, C. G.; MAISTO, A. A. **Introdução à psicologia**. 6. ed. São Paulo: Prentice Hall, 2004.

NERI, A. L.; YASSUDA, M. S.; CACHIONI, M. **Velhice bem-sucedida:** aspectos afetivos e cognitivos. Campinas: Papirus, 2004.

OGDEN, J. **Psicologia da Saúde**. 2. ed. Lisboa: Guide Artes Gráficas, 2004.

OMS – Organização Mundial da Saúde. (coord.). **Classificação de transtornos mentais e de comportamento da CID-10:** descrições clínicas e diretrizes diagnósticas. Tradução Dorgival Caetano. Porto alegre: Artes Médicas, 1993.

OMS – Organização Mundial da Saúde. **Envelhecimento ativo:** uma política de Saúde. World Health Organizacion; tradução Suzanna Gontijo. Brasília: Organização Pan-Amecicana da Saúde, 2005.

PAPALÉO NETTO, M. (org.). **Gerontologia:** a velhice e o envelhecimento em visão globalizada. São Paulo: Atheneu, 2000.

RAPPAPORT, C. R.; FIORI, W. R.; DAVIS, C. **Teorias do desenvolvimento**: conceitos fundamentais. São Paulo: EPU, 1981. v. 1.

ROCHA, E. P. G. **O que é etnocentrismo**. 10. ed. São Paulo: Brasiliense, 1994.

SCHULTZ, D. P.; SHULTZ, S. E. **História da psicologia moderna.** 15. ed. São Paulo: Cultrix, 1992.

SADOCK, B. J.; SADOCK, V. A. **Compêndio de psiquiatria:** ciências do comportamento e psiquiatria clínica. Tradução Cláuda Dornelles. 9. ed. Porto Alegre: Artmed, 2007.

SANTOS, A.; SILVA, T. T. da. **Benefícios do riso na redução do estresse emocional.** 2013. Disponível em: http://www.funecsantafe.edu.br/SeerFunec/index.php/forum/article/viewFile/897/88 Acesso em 13 jun. 2013.

SBGG – Sociedade Brasileira de geriatria e Gerontologia. **Senescência e Senilidade:** qual a diferença. 2024. Disponível em: https://www.sbgg-sp.com.br/senescencia-e-senilidade-qual-a-diferenca/. Acesso em: 8 dez. 2024.

SILVEIRA, J. **Brasileiros estão entre os mais estressados do globo.** 2010. Disponível em: http://www1.folha.uol.com.br/equilibrioesaude/766692-brasileiros-estao-entre-os-mais-estressados-do-globo.shtml. Acesso em: 8 dez. 2024.

SILVERTHORN, D. U. **Fisiologia humana:** uma abordagem integrada. 5. ed. Porto Alegre: Artmed, 2010.

SIMONETTI, A. **Manual de psicologia hospitalar:** o mapa da doença. São Paulo: Casa do Psicólogo, 2004.

WATSLAWICK, P.; BEAVIN, J. H.; JACKSON, D. D. **Pragmática da comunicação humana.** São Paulo: Cultrix, 1967.

WRIGHT, J. H. **Aprendendo a terapia cognitivo-comportamental:** um guia ilustrado. Porto Alegre: Artmed, 2008.